WISSENSCHAFTLICHE BEITRÄGE
AUS DEM TECTUM VERLAG

Reihe Sozialwissenschaften

WISSENSCHAFTLICHE BEITRÄGE AUS DEM TECTUM VERLAG

Reihe Sozialwissenschaften

Band 17

Kathrin Lindner

Krise als Chance – Depression als Weg

Krisenmanagement als Hilfsansatz der Sozialarbeit

Tectum Verlag

Kathrin Lindner

Krise als Chance – Depression als Weg.
Krisenmanagement als Hilfsansatz der Sozialarbeit

Wissenschaftliche Beiträge aus dem Tectum Verlag:
Reihe: Sozialwissenschaften; Bd. 17

ISBN: 978-3-8288-9884-4

ISSN: 1861-8049

Umschlagabbildung: istockphoto.com © jarnogz

Besuchen Sie uns im Internet
www.tectum-verlag.de

Bibliografische Informationen der Deutschen Bibliothek
Die Deutsche Bibliothek verzeichnet diese Publikation in der Deutschen Nationalbibliografie; detaillierte bibliografische Angaben sind im Internet über http://dnb.ddb.de abrufbar.

Inhaltsverzeichnis

Einleitung

Ein weiser Spruch besagt: „Haben wir unsere Geburt erst einmal geschafft, so haben wir das Schlimmste bereits hinter uns“. Dies klingt wohl erleichternd und erfrischend und es mag sein, dass die großen Herausforderungen des Lebens mit diesem Ereignis beginnen, aber es bedeutet keineswegs, dass dem nicht noch etliche folgen.

Gerade in der heutigen sich schnell verändernden Welt, in der sich mehr und mehr Sicherheiten, Traditionen und feste Familienstrukturen in Auflösung befinden, wir uns nicht mehr so sehr an Vorgaben orientieren, sondern jeder Mensch seinen ganz eigenen Weg zu finden und zu gehen hat; in so einer Welt werden an jeden einzelnen Menschen zusätzlich große Anforderungen gestellt. Was auf der einen Seite als Befreiung von Normen, Erwartungen und Vorgaben erlebt wird, bedeutet auf der anderen Seite ein experimentelles Leben, das viel Kraft und Kreativität erfordert. Und dabei ist auch noch jeder individuelle Lebensweg von einer kaum überschaubaren Fülle von Ereignissen gekennzeichnet, die abrupt und unvorhergesehen eintreten können, die manchmal gravierend ins alltägliche Leben eingreifen, die dramatisch verlaufen können. So bleibt wohl letztlich kaum ein Mensch im Laufe seines Lebens davon verschont, krisenhafte Erfahrungen zu durchleben.

Im ersten Teil dieser Arbeit soll daher geklärt werden, was eine Krise ausmacht und wie sie definiert werden kann. Welche Merkmale kennzeichnen eine innere oder äußere Lebenssituation als Krise? Welche Ereignisse sind es, die häufig zu einer krisenhaften Situation und oder einem krisenhaften Erleben führen? Wie reagieren wir auf Krisen und welche Bewältigungsmöglichkeiten gibt es? Wenn Krisen zum menschlichen Leben dazu gehören, so stellt sich die Frage, ob und welchen Nutzen wir daraus ziehen können und welche Chancen sich aus Krisenerfahrungen ergeben können.

Eine der schwersten Formen von Krisenerfahrungen ist wohl die Depression. Zugleich ist sie auch die häufigste psychische Auffälligkeit im Erwachsenenalter. In Deutschland wurde in den letzten Jahren ein steter Zuwachs der Diagnose Depression beobachtet. Dies ist ein Grund mehr, sich auf die Suche nach neuen Antworten zu begeben.

Während Depressionen lange Zeit ein Schattendasein geführt haben und ausschließlich als Defizit und Defekt betrachtet wurden, wird heute mehr und mehr Wert darauf gelegt, nach sinnmachenden Zusammenhängen mit Alltagswirklichkeiten zu suchen (vgl. Hell 2007, S. 9). Deshalb werde ich mich im zweiten Teil der Arbeit mit dieser Thematik befassen. Neben einer Darstellung der Depression mit ihren Erscheinungsformen, Ursachen, Auslösern und dem inneren Erleben depressiver Menschen wird der Schwerpunkt auf der Fragestellung liegen: Machen Depressionen Sinn?

In der Regel wird versucht, Antworten auf die Frage zu geben, warum eine depressive Erkrankung eintritt. Mit einer auf die Ursachen bezogenen Fragestellung wird das Untersuchungsfeld jedoch bereits eingeschränkt und somit auch die Zahl und Art der möglichen Antworten. Deshalb soll am Ende dieses Kapitels zusätzlich der Frage nach dem „Wozu“ Depressionen (nach dem Sinn) Raum gegeben werden. Diese auf das Ziel gerichtete Frage kann möglicherweise zu neuen Sichtweisen und Handlungsweisen führen (vgl. Hell 2007, S. 16).

C.G. Jung hat ein solches auf ein Ziel gerichtetes Bild geprägt, um die Depression zu beschreiben: „Die Depression ist gleich einer Dame in Schwarz. Tritt sie auf, so weise sie nicht weg, sondern bitte sie als Gast zu Tisch und höre, was sie zu sagen hat“ (zit. n. Hell 2007, S. 4).

Im dritten Teil der Arbeit stelle ich verschiedene sozialarbeiterische Hilfemöglichkeiten für Menschen in krisenhaften Situationen vor. Eingehen werde ich in diesem Kapitel auf Krisenmanagement, Krisenintervention, klientenzentrierte Beratung, Angehörigenberatung, Soziotherapie, Suizidprävention und Trauerbegleitung.

Im vierten und letzten Teil fasse ich die Ergebnisse dieser Arbeit zusammen und stelle einige meiner Schlussfolgerungen für die Soziale Arbeit vor.

Meine Ausführungen betreffen selbstverständlich Frauen und Männer gleichermaßen. Im Text habe ich mich aber zugunsten der Lesbarkeit dafür entschieden, jeweils nur eine der beiden Varianten zu nutzen.

1 Krisen als Teil der menschlichen Entwicklung

Übergänge und Veränderungen im Innen wie im Außen gehören zum menschlichen Leben und Erleben dazu. Wie wir Menschen solche Veränderungen erleben und darauf reagieren, das ist sehr individuell und hängt von einer Vielzahl unterschiedlicher innerer wie äußerer Faktoren ab. Was für den einen Menschen eine aufregende abenteuerliche Lebenssituation ist, kann für den nächsten eine ausgemachte Krise bedeuten. Was aber genau macht eigentlich eine Krise aus? Wir leben in einer Welt, in der häufig, ja fast ständig irgendwo Krisen auftauchen, ob in unserem ganz persönlichen Umfeld (Beziehungskrisen, Trennungskrisen), dem Leben in der Gesellschaft (Wirtschaftskrisen), wie auch in Gemeinschaft mit anderen Völkern (Hungerkrisen) und sogar bezogen auf die gesamte Menschheit (Klimakrise, Ressourcenkrise).

Der Begriff der Krise wird also sehr häufig eingesetzt und dabei zudem sehr subjektiv verstanden. Um einen Überblick darüber zu verschaffen, welchen Vorgang der Begriff der Krise überhaupt beschreibt, werde ich im Folgenden zunächst eine Begriffsklärung und dabei auch einen kurzen Rückblick in die Geschichte der Krise vornehmen.

1.1 Begriffsklärung Krise

Der Begriff „Krise" (griech. krisis) wird mit Entscheidung, entscheidende Wendung, Wendepunkt, Sichtung, Notlage, Höhepunkt übersetzt (vgl. Wahrig 2001; S. 514; Die Aktuelle Deutsche Rechtschreibung 2001; S. 535; Dorsch Psychologisches Wörterbuch 1998, S. 471).

Eine Krise gilt auch als „Abschnitt eines psych. Entwicklungsprozesses, in dem sich nach einer Zuspitzung der Situation die weitere Entwicklung entscheidet" (Wahrig 2001, S. 514). Ursprünglich aber meint Krise „Entscheidung, entscheidendes Moment" (vgl. Brem-Gräser 1993, S. 150).

Der griechische Arzt Hippokrates (460-377 v. Chr.) verwendete den Begriff der Krise erstmals im Zusammenhang mit krankhaften Zuständen. Seinen Beobachtungen zufolge trat bei schweren fieberhaften Erkrankungen ganz plötzlich eine Genesung ein oder aber eine Verschlechterung des Zustandes, die zum Tode des Betroffenen führte (vgl. Jost 2006, S. 104).

So beschreibt der Begriff „Krise" in der Medizin noch heute den Höhepunkt eines bedrohlichen Krankheitsprozesses, in dem sich eine Wende entweder zur Genesung oder zur Verschlechterung bis hin zum tödlichen Ausgang der Erkrankung abzeichnet (vgl. Aguilera/Messick 1977, S. 227).

Später wurde der Begriff der Krise von der Allgemeinmedizin auch in die Psychologie und Psychiatrie übernommen. Vermutlich war es der Mediziner und Psychologe Carus (1789-1869), der diesen Begriff auf den Entwicklungsverlauf seelischer Krankheiten übertrug. Er definiert Krise als eine Epoche, in welcher die Entwicklung der seelischen Krankheit zu einem bestimmten Zeitpunkt eine Wende zum Besseren oder Schlechteren nimmt. Die Krise ist mit einer „stürmischen" Aufregung verbunden, die entweder in die Phase der Gesundung oder aber in einen Prozess krankhafter Bewusstseinsänderung führt (vgl. Brem-Gräser 1993, S. 151).

In internationalen Beziehungen bezieht sich der Begriff „Krise" oft auf Ereignisse oder Konflikte, deren Ausgang über Krieg oder Frieden bestimmen (vgl. Aguilera/Messick 1977, S. 227).

Im alltagssprachlichen Gebrauch hat das Wort „Krise" eine recht individuelle und subjektive Bedeutung erlangt, die sich in Formulierungen wie „Ich krieg'ne Krise" oder „Krisensitzung" ausdrückt. Um eine ernsthafte Krise handelt es sich dabei in der Regel allerdings nicht (vgl. Jost 2006, S. 104).

Der Begriff „Krise" wird heute in allen Bereichen menschlichen Lebens und Handelns zur Beschreibung vielfältiger Situationen genutzt. Ob als Umweltkrise, Wirtschaftkrise, Bankenkrise, Ernährungskrise, Wissenschaftskrise, Kulturkrise, Lebenskrise, Glaubenskrise, Berufskrise, Beziehungskrise usw.

Im allgemeinen Verständnis bezeichnet Krise den Höhepunkt oder Wendepunkt einer gefahrvollen Entwicklung, eine schwierige Lage oder eine gefährliche Situation (vgl. Jost 2006, S. 104).

In dieser Arbeit soll sich der Krisenbegriff auf das individuelle Erleben des einzelnen Menschen beziehen.

Ulich betont, dass es sich neben der Verflochtenheit zu sozialen und materiellen Umweltgegebenheiten bei der Krise vor allem um psychische Geschehnisse handelt (vgl. Ulich 1987, S. 55). Ihm zufolge ist Krise „ (...) ein belastender, temporärer, in seinem Verlauf und seinen Folgen offener Veränderungsprozess der Person, der gekennzeichnet ist durch eine Unterbrechung der Kontinuität des Erlebens und Handelns, durch eine partielle Desintegration der Handlungssituation und eine Destabilisierung im emotionalen Bereich" (Ulich 1987, S. 51f). Dieses Verständnis des Phänomens geht schon deutlich über die vorangehenden Definitionen hinaus und deutet an, dass krisenhaftes Erleben unsere gewohnten Strategien angesichts von Schwierigkeiten oder Herausforderungen in Frage stellt. Auf diesen Punkt heben auch die folgenden drei Autoren ab:

Caplan geht dann von einer Krise aus, „wenn der Mensch sich (...) einem Hindernis gegenüber sieht, das sich zumindest vorübergehend mit Hilfe der üblichen Methoden des Problemlösens nicht bewältigen lässt (...)“ (zit. n. Aguilera/ Messick 1977, S. 22).

Brem-Gräser bezeichnet Krise als einen „dynamischen Schwebezustand zwischen positiver und negativer Veränderung (...), welcher als Erschütterung erlebt wird“ (Brem-Gräser 1993, S. 150).

Kast ist der Auffassung, von einer Krise sei dann zu sprechen, „ (...) wenn für einen oder mehrere Menschen ein belastendes Ungleichgewicht zwischen der subjektiven Bedeutung eines Problems und den zur Verfügung stehenden Bewältigungsmöglichkeiten entstanden ist“ (Kast 2007, S. 133). Im eigentlichen Sinne, so Kast, bezeichnet Krise einen Wendepunkt, einen Höhepunkt in einer zunehmenden Einengung. Eine Situation hat sich zugespitzt und drängt auf eine Entscheidung hin. Damit einhergehend ist eine Verunsicherung des Identitätserlebens (vgl. Kast 2007, S. 134).

Carus nennt als wesentliche Merkmale einer Krise: die Plötzlichkeit ihrès Eintretens und die Kürze ihrer Dauer (vgl. Brem-Gräser 1993, S. 151). Diese Merkmale sind nach dem heutigen erweiterten Verständnis von Krisen zu relativieren. Krisen können sich durchaus langsam anbahnen und zudem können sie Phasen von ausgedehnter Dauer darstellen. Heute ist mit Krise ein Wendepunkt oder eine allmähliche Wende, also ein Zeitpunkt oder ein Zeitraum gemeint, in dem sich eine als unangenehm und bedrohlich erlebte Entwicklung zuspitzt, an der sich eine Wende zum Besseren oder Schlechteren abzeichnet (vgl. Jost 2006, S. 104f).

Es kann verwirrend sein, dass der Begriff Krise so vielfältig eingesetzt wird. Gerade in Abgrenzung zu psychiatrisch behandlungsbedürftigen Auffälligkeiten, wie z. B. eine psychotische Krise oder eine schwere depressive Krise, auch dort wird dieser Begriff verwendet. So scheint die Abgrenzung zum Krankheitsbegriff möglicherweise schwierig, aber gleichwohl unerlässlich.

Der Begriff der Krise ist weiter und unverfänglicher als der Begriff der Krankheit, was bei Scharfetter deutlich zur Geltung kommt: „Krise meint eine zugespitzte, angespannte Besorgnis, oft Angst weckende Lebenssituation. Jede Krise ist eine Zeit der Unsicherheit, des Ringens um Bestand und gleichzeitige Neuorientierung. Krise ist ein Abschnitt in einem biographischen Prozess, in welchem jedoch noch nicht klar ist, in welche Richtung dieser sich entwickeln wird. Jedenfalls enthält die Krise Wandlungsmöglichkeiten sowohl zum Guten (...) als auch zum Schlechten (...)“ (Scharfetter 2002, S.13f). Scharfetter hält Krise für einen übergeordneten Begriff. Der Krankheitsbegriff hingegen wird ihm zufolge dann erfüllt, wenn ein Mensch, der eine Krise durchzustehen hat, in seinen Bewältigungsmöglichkeiten überfordert und im Bestehen seiner Aufgaben funktionsuntüchtig, hilflos und hilfsbedürftig ist. Krisen bleiben damit meist außerhalb dessen, was z. B. psychotisch, also im engeren Sinne „krankhaft" genannt wird (vgl. Scharfetter 2002, S. 14).

Wenn Krisen auch zu pathologischen Entwicklungen führen können, so sind sie dennoch nicht dem Bereich „Krankheit" zuzuordnen. Krisen gehören in den Bereich normaler menschlicher Erfahrung (vgl. Jost 2006, S. 104f).

Zusammenfassend ist zu sagen, dass eine Krise u. a. folgende Merkmale aufweist:

- Wendepunkt oder allmähliche Wende, Veränderungsprozess
- Zuspitzung einer Situation, Zuspitzung einer Entwicklung (auch innerlich)
- Oft einhergehend mit Handlungsdruck, Entscheidungsdruck
- Emotionale Destabilisierung, Verlust von innerem Gleichgewicht, Angst, Unsicherheit, Gefühl emotionaler Verwirrung
- Verunsicherung des Identitätserlebens
- Situation ist mit bisherigen Bewältigungsmechanismen nicht (sogleich) lösbar
- Ungewisser Ausgang
- Birgt Gefahr pathologischer Entwicklung
- Chance zu Neuorientierungen
- Wandlungsmöglichkeiten

Diese herausgearbeiteten Merkmale sollen nun als Arbeitsgrundlage für die folgenden Ausführungen dienen.

1.2 Erleben von Krisen

Unserem innersten menschlichen Wesen entspricht es, dass wir uns in einem Zustand des Gleichgewichts befinden. So sind wir bemüht, diesen Zustand zu bewahren oder aber zu ihm zurückzukehren. Dieses Gleichgewicht wird gestört, wenn sich die Herausforderungen des Lebens mit den üblichen Problemlösungen nicht oder nicht sogleich bewältigen lassen oder wir zumindest den Eindruck haben, dass wir mit der Bewältigung überfordert seien. So können wir in eine Krise geraten (vgl. Aguilera/Messick 1977, S. 22).

Es ist wichtig zu bedenken, dass Krisen individuell erlebt werden und dass die subjektive Einschätzung und Bewertung des einzelnen Menschen dabei eine entscheidende Rolle spielt. Von zentraler Bedeutung ist also, ob der betroffene Mensch selbst sich in einem Zustand der Krise sieht. Diese subjektive Selbstbeurteilung ist wichtig für die Kategorisierung und auch für die Intervention (vgl. Ulich 1987, S. 44). Dass heißt, es müssen nicht zwingend alle Merkmale der zuvor definierten Krise erfüllt werden. Es reicht aus, dass ein Mensch selbst das Gefühl hat, sich in einer ernsthaften Krise zu befinden.

Was jedoch bei jedem Menschen mit dem Erleben einer Krise einhergeht, ist eine akute und belastende emotionale Zustandsänderung (vgl. Ulich 1987, S. 55).

Wie könnte das Erleben einer Krise beschrieben werden? Ein Mensch wird mit einem Problem (einem Ereignis oder einer Entwicklung) konfrontiert, das ihn in Angst und Spannung versetzt. Er spürt, dass er an einem Wendepunkt seines bisherigen Lebens steht, dass der vertraute Boden unter seinen Füßen umgegraben wird. Seine Versuche, die Situation mit Mechanismen zu bewältigen, die sich bisher als hilfreich erwiesen hatten, greifen nicht mehr. So steigen Gefühle von Unsicherheit, Haltlosigkeit und Hilflosigkeit weiter an. Er sieht sich also in einer Situation gefangen, die er nicht (sogleich) bewältigen und der er nicht entfliehen kann. Sein ganzes Leben verengt sich auf das immer drängender erlebte Problem. Angst und Spannung nehmen noch weiter zu, sodass es unter solch starker emotionaler Belastung immer schwieriger, mitunter gar unmöglich wird, aus sich selbst heraus etwas zur Lösung dieser Situation beizutragen. Zusätzlich können in einer solch akuten Krise frühere ungelöste oder nur mangelhaft bewältigte Konflikte wieder aufleben, was das Erleben von Belastung noch erhöht. Der betroffene Mensch fühlt sich hilflos und überfordert und sieht sich schließlich in einem Zustand emotionaler Verwirrung gefangen (vgl. Aguilera/Messick 1977, S. 15; Jost 2006, S. 105; Kast 2007, S. 20).

Dies schildert den Verlauf einer extremen Zuspitzung einer Krise.

Krisen sind Zeiten der Labilität. Sie sind mit Angst, Spannung und Selbstzweifeln verbunden. Oft werden Konflikte und Schwierigkeiten, die Betroffene überwunden zu haben glaubten, reaktiviert. Krisen sind Zeiten besonderer Verletzlichkeit. Betroffene reagieren empfindsamer als sonst, sie sind oft ungeduldiger mit sich selbst, haben mehr Stimmungsschwankungen und beurteilen das eigene Leben viel kritischer als üblicherweise (vgl. Kast 2007, S. 30ff).

Menschen, die sich in Krisen befinden, sind laut Caplan besonders offen und empfänglich für Einflüsse von außen. Das heißt zum einen, dass diese Menschen in der Regel eine hohe Bereitschaft zeigen, Hilfe anzunehmen, zum andern heißt das, dass sie z. B. durch ein Gefühl der Hilflosigkeit in dieser Zeit auch besonders beeinflussbar sind (vgl. Ulich 1987, S. 30).

Die Erfahrung von „Krise“ wird mitunter damit beschrieben, dass ein Mensch letztlich nicht mehr zu einer Problemlösung fähig ist. Sollte damit gemeint sein: Wenn ein Mensch eine Krise erlebt, dann kann er sie selbst nicht bewältigen, hieße das im Umkehrschluss: Alles, was ein Mensch noch selbst bewältigen kann, ist keine Krise. Dies entspricht allerdings nicht dem subjektiven Erleben ernsthafter Krisen von Befragten. Es besteht also durchaus die Möglichkeit, eine Krise zu erleben, sich mal mehr, mal weniger überfordert damit zu fühlen und sich mit eigenen Bewältigungsmechanismen früher oder später aus der Krise zu befreien (vgl. Ulich 1987, S. 44).

Wie im Folgenden noch deutlich wird, können Krisen auf sehr unterschiedliche Weise zustande kommen. Dies wiederum wirkt sich auch auf das Erleben von Krisen aus.

1.3 Entstehung von Krisen

Im Leben eines jeden Menschen gibt es Situationen und Ereignisse, die mit emotionaler Belastung und Stress einhergehen. Das kann die Geburt eines Kindes sein, der Verlust einer Freundschaft, ein Umzug in eine neue Umgebung und vieles andere. Wenn solche Geschehnisse durchaus für viele Menschen eine besondere Belastung darstellen, so geraten doch nicht alle Betroffenen dadurch in eine Krise.

Lindemann geht davon aus, dass solche Ereignisse nur dann für einen Menschen zu einer Krise werden, wenn dieser aufgrund seiner Persönlichkeit, seiner früheren Erfahrungen oder bestimmter Faktoren in dieser Situation besonders verletzlich ist und seine emotionalen Ressourcen augenblicklich nicht ausreichen, um eine solche Belastung aufzufangen (vgl. Aguilera/Messick 1977, S. 21).

Für die Entstehung einer Krise ist also maßgeblich, wie bedrohlich ein Mensch eine belastende Situation oder ein belastendes Ereignis einschätzt, wie er seine problembezogenen Handlungsmöglichkeiten und schließlich wie er den möglichen Erfolg eigenen Handelns einschätzt. Solche Einschätzungen werden auf dem Hintergrund individueller Wertvorstellungen getroffen, die wiederum von den Lebensumständen und der Lebensgeschichte des einzelnen Menschen abhängig sind. So kann und muss davon ausgegangen werden, dass verschiedene Menschen bei vergleichbaren Ereignissen zu unterschiedlichen Einschätzungen kommen (vgl. Gräser/Esser/Saile 1995, S. 104f). Beispiel: Zwei Studenten bestehen ihre mündliche Prüfung nicht. Peter ärgert sich darüber, dass die Prüfer einfach schlechte Fragen gestellt haben. Später sieht er ein, dass er wohl nicht genügend vorbereitet war und beschließt, dass ihm das kein zweites Mal passiert. Thomas hingegen ist völlig verunsichert und fühlt sich als Versager, der diese Prüfung niemals bestehen wird. Für ihn wird diese Situation zum Auslöser einer Krise. Hintergrund: Thomas hatte von seinem Vater nie besonders viel Anerkennung für seine Leistungen bekommen, dafür wurden aber die Fehlschläge in seinem Leben (von seinem Vater) gern überbetont.

Subjektive Einschätzungen und Bewertungen spielen somit nicht nur im Bezug auf das Erleben, sondern auch im Bezug auf die Entstehungen von Krisen eine entscheidende Rolle (vgl. Gräser/Esser/Saile 1995, S. 104f; Ulich 1987, S. 39/44; Hepp 2008, S. 146).

Aber auch die Sichtweisen und Reaktionen nahestehender Personen im Umfeld sind von großer Bedeutung für die Entstehung einer Krise (vgl. Sonneck 2000, S. 18).

Ebenso erhöhen frühere unverarbeitete Krisen die Wahrscheinlichkeit, dass erneut Krisen entstehen (vgl. Sonneck 2000, S. 18).

Einfluss auf die Entstehungen von Krisen haben auch die sogenannten sensiblen Phasen der Entwicklung eines Menschen, in denen er besonders verletzlich ist. Dazu zählen vor allem Kindheit und Jugend (vgl. Montada 1995, S. 277).

Nun werden wir Menschen (wie bereits erwähnt) im Laufe unseres Lebens alle mit Situationen und Ereignissen konfrontiert, die hohe Anforderungen an uns stellen. Ob wir diesen Anforderungen gewachsen sind oder nicht, hängt im Wesentlichen von folgenden Faktoren ab:

- Von der Schwere der Belastungen, die mit den Aufgaben und Problemen, der Situation oder dem Ereignis in Verbindung stehen
- Von dem individuellen Menschen und seiner Belastbarkeit
- Von den vorhandenen Stützen (Ressourcen)

Die Wahrscheinlichkeit, dass es in dem Leben eines Menschen zu einer Krise kommt, ist demnach dann besonders hoch,

- wenn die Belastung übermäßig groß ist oder die Belastbarkeit übersteigt, z. B. plötzlicher Tod eines nahestehenden Menschen.
- wenn die Person z. B. durch Krankheit oder psychische Instabilität geschwächt ist, dadurch ihre Belastbarkeit reduziert ist und folglich ein Ungleichgewicht zwischen Belastung und Belastbarkeit entsteht.
- wenn wesentliche Stützen fehlen oder wegfallen, z. B. durch Verlust des Arbeitsplatzes (materielle Grundlage), Fehlen eines persönlichen sozialen Net-

zes, Mangel an sinnverleihenden Werten wie religiöse Vorstellungen, humanistische Überzeugungen (vgl. Jost 2006, S. 108f; Gräser/Esser/Saile 1995, S. 104f).

Krisen können entstehen, indem sie durch ein plötzliches unvorhergesehenes Ereignis ausgelöst werden. Es kann sich aber auch um eine chronische Entwicklung handeln, die sich fast unbemerkt über einen langen Zeitraum erstreckt. So entsteht eine Krise langsam und spitzt sich aufgrund eines auslösenden Ereignisses womöglich plötzlich zu. Solch ein auslösendes Ereignis braucht nicht besonders schwerwiegend zu sein, es reicht mitunter „der Tropfen, der das Fass zum Überlaufen bringt" (vgl. Jost 2006, S.108f).

1.4 Arten und Auslöser von Krisen

Im Allgemeinen wird zwischen zwei Arten von Krisen unterschieden: Den normativen und den nicht-normativen Krisen. Als normative Krisen werden jene Krisen bezeichnet, die durch lebenszyklisch erwartbare Übergänge ausgelöst werden, wie z. B. durch Pubertät, Klimakterium, die Ablösung eines Kindes von den Eltern. Als nicht-normative Krisen hingegen gelten jene, die durch ein unvorhergesehenes (nicht erwartbares) Ereignis ausgelöst werden und die Betroffenen dementsprechend unvorbereitet treffen, wie z. B. der plötzliche Verlust eines nahestehenden Menschen oder der unerwartete Verlust des Arbeitsplatzes (vgl. Hildenbrand 2008, S. 23f; Dinkel-Sieber 2008, S. 109f; Kast 2007, S. 19).

Krisen können aufgrund ihrer inhaltlichen Aspekte auch folgendermaßen unterschieden werden:

- Entwicklungskrisen, primär ausgelöst durch biologische oder soziale Übergänge
- Traumatische Krisen (nach Cullberg), ausgelöst durch kritische Lebensereignisse
- Veränderungskrisen (nach Caplan), ausgelöst durch Veränderungen des Lebensumfeldes (vgl. Jost 2006, S. 109).

Entwicklungskrisen können in Zeiten entwicklungsbedingter Übergänge auftreten. In solchen Zeiten wird der Mensch mit vielerlei Anforderungen konfrontiert, z. B. mit der Übernahme neuer Rollen, die bislang nicht eingeübt wurden, oder auch mit körperlichen Veränderungen, wie sie sich im Übergang zur Pubertät deutlich beobachten lassen. Somit können entwicklungsbedingte Übergänge dazu führen, dass ein Mensch aus einem Zustand relativer Ausgeglichenheit in einen Zustand seelischen Ungleichgewichts gerät. Dies ist verbunden mit Unsicherheit und Angst, mit Irritation, mit der Schwierigkeit, neue Erfahrungen richtig einzuordnen und der Schwierigkeit, angemessen darauf zu reagieren (vgl. Jost 2006, S. 109).

Kritische Übergänge, die zu Entwicklungskrisen führen können, sind im Wesentlichen:

- Geburt
- Entwöhnung
- Erziehung zur Sauberkeit
- Schulanfang
- Pubertät und Reifezeit, Übergang zum erwachsenen Menschen
- Eintritt ins Berufsleben
- Eingehen einer festen Bindung oder Partnerinnen-/Partnersuche
- Geburt eines Kindes, Elternverantwortung
- Klimakterium oder die Krise der mittleren Jahre
- Ablösung der Kinder vom Elternhaus (leeres Nest)
- Ausscheiden aus dem Erwerbsleben (Pensionierungsschock)
- Verlust der Eltern
- Altwerden, verbunden mit Einschränkungen, Krankheit, Pflegebedürftigkeit
- Eigenes Sterben und das der Partnerin/des Partners (vgl. Brem-Gräser 1993, S. 160; Jost 2006, S. 109f)

Laut Clinebell können „alle diese Erfahrungen (…) zu Krisen führen, weil und sofern sie den Menschen jedes Mal mit Problemen konfrontieren, denen seine bisher erworbenen Problembewältigungsmechanismen nicht gewachsen sind“ (zit. n. Brem-Gräser 1993, S. 160).

Entwicklungskrisen können den normativen Krisen zugeordnet werden, da sie durch erwartbare Übergänge ausgelöst werden können.

Die traumatischen Krisen hingegen werden durch kritische Lebensereignisse ausgelöst. Traumatische Krisen treffen den betroffenen Menschen oft unvorbereitet und können somit akut auftreten. Das innere Gleichgewicht wird stark erschüttert und abrupt gestört. Der Mensch befindet sich in einer Situation, die sich meist plötzlich zugespitzt hat und mit einer massiven emotionalen Destabilisierung einhergeht. Bewältigungsmöglichkeiten stehen nicht sogleich zur Verfügung (vgl. Jost 2006, S. 111).

Ausgelöst werden traumatische Krisen z. B. durch folgende kritische Ereignisse:

- den plötzlichen Verlust eines nahestehenden Menschen durch Tod
- die unvorhersehbare Trennung der Partnerin/des Partners
- die unerwartete Konfrontation mit einer schwerwiegenden Diagnose (z. B. Krebs)
- der überraschende Verlust des Arbeitsplatzes
- das Erleiden von Gewalt
- die Erfahrung einer Umweltkatastrophe (vgl. Jost 2006, S. 111; Sonneck 2000 S. 33).

Traumatische Krisen können den nicht-normativen Krisen zugeordnet werden, da sie meist unvorhersehbar eintreten, also nicht erwartbar sind und den jeweiligen Menschen oft völlig unvorbereitet treffen.

Anders als die traumatischen Krisen bahnen sich Krisen, die durch Veränderungen des Lebensumfeldes entstehen, in der Regel eher langsam an. Die Ursachen für Veränderungskrisen können vergleichsweise harmlos sein, wie z. B. ein Umzug. Veränderungskrisen können aber auch als Folge von kritischen Ereignissen ausgelöst werden, wie z. B. durch den unverhofften Verlust eines Arbeitsplatzes, der zu dauerhafter Arbeitslosigkeit führt. Oder aber der betroffene Mensch bekommt ein Jobangebot, muss dafür aber in eine fremde Stadt umziehen. Ein weiteres Beispiel wären Eheleute, die in eine Krise geraten, weil sie durch einen beruflich bedingten Umzug auf die Großeltern als Stütze verzichten müssen. Durch einen Umzug in eine neue Umgebung wird das vertraute soziale Umfeld verlassen. Ob Freundschaften über Distanzen bestehen bleiben, ist ungewiss. So gehen Veränderungskrisen häufig mit einem Verlust von sozialen Stützen und sozialen Netzen einher oder aber mit der Schwierigkeit, sich an neue Situationen anzupassen. Besonders kritisch sind daher z. B. Veränderungen des Lebensumfeldes bei alten Menschen. Das kann ein Wohnungswechsel sein, um näher bei der Tochter zu wohnen, einhergehend mit einer Reihe von Verlusten, wie z. B. soziale Beziehungen aus dem früheren Wohnort, das Einkaufen in gewohnten Geschäften, die Orientierung in einer gewohnten Umgebung, Ärzte, welche die Krankengeschichte gut kennen, das Schwimmbad in der Nähe und vieles mehr (vgl. Jost 2006, S. 113).

Veränderungskrisen stellen meiner Ansicht nach eher eine Mischform der sogenannten normativen und der nicht-normativen Krisen dar bzw. können sie mal mehr den einen, mal mehr den anderen zugeordnet werden, je nachdem wodurch, in welchem Lebensabschnitt und unter welchen Umständen sie ausgelöst wurden. Sie können (wie geschildert) z. B. durch die Folgen eines Umzugs entstehen. Dass ein Mensch wenigstens einmal in seinem Leben umzieht (raus aus dem Elternhaus), stellt ein weitgehend normatives, erwartbares Ereignis dar. Wenn Veränderungskrisen aber durch ein kritisches Ereignis ausgelöst wurden, so könnten sie eher den nicht-normativen Krisen zugeordnet werden.

Die Auslöser für Krisen mögen sehr unterschiedlich sein, durch entwicklungsbedingte normative Veränderungen, durch traumatisch erlebte Einschnitte oder auch durch Veränderungen des Lebensumfeldes. Eines jedoch haben die hier beschriebenen drei Arten von Krisen gemein: Sie läuten in dem Leben des betroffenen Menschen Veränderungen ein, die ein hohes Maß an Anpassung und Neuorientierung erfordern.

Der Vorteil, den ich bei diesen Einteilungen sehe, ist der, dass auf erwartbare Krisen präventiv angesetzt werden kann, indem auf Übergänge und den damit einhergehenden Schwierigkeiten und Problemen aufmerksam gemacht wird und im Vorfeld auch schon evtl. Hilfe- bzw. Unterstützungsmöglichkeiten in Betracht gezogen oder gar Bewältigungsmöglichkeiten erprobt werden können.

Allerdings möchte ich an dieser Stelle anmerken, dass Einteilungen von Krisen in Gruppen in der Weise an ihre Grenzen stoßen, dass sie nicht alle unterschiedlichen Krisen und ihre Entstehungen erfassen können. Krisen, die z. B. durch die Summe von Alltagswidrigkeiten oder eine hohe Arbeitsbelastung (beruflich oder familiär), durch soziale Ausgrenzung oder Benachteiligung, durch Bildungsarmut oder berufliche Chancenlosigkeit entstehen, können den zuvor aufgeführten Einteilungen nicht zugeordnet werden.

Jost verwendet den Begriff „kritische Ereignisse" als Auslöser für traumatische Krisen. Wenn wir die beschriebenen kritischen Ereignisse sicherlich im Allgemeinen als solche verstehen (plötzlicher Tod eines nahestehenden Menschen, Gewalterfahrung etc.), so sei doch darauf hingewiesen, dass in der Lebensereignisforschung unter kritischen Ereignissen nicht nur solch dramatische Einschnitte verstanden werden. Es gibt „nicht *die* Situation und damit auch nicht *das* kritische Lebensereignis schlechthin" (Belschner/Kaiser 1995, S. 174). Je nach individueller Bedeutungszuschreibung können sich auch andere Geschehnisse zu kritischen Ereignissen verdichten, wie z. B. die Summe von Alltagswidrigkeiten (vgl. Filipp 1995, S. 317). Auch sie können einen Menschen so belasten, dass er in eine Krise gerät. Darüber hinaus werden als kritische Lebensereignisse auch Veränderungen der Lebenssituation einer Person beschrieben, welche ihren Ursprung in der Person selber oder in der Umwelt haben und von dem Individuum eine Anpassungsleistung erfordern. Dies können sogar Ereignisse sein, die als angenehm empfunden werden, denn als kritische Ereignisse gelten nicht nur negative Ereignisse, wie Umweltkatastrophen, plötzliche Verluste etc., sondern auch positive Ereignisse, wie Heirat oder Beförderung. Ausschlaggebend ist dabei das Ausmaß der subjektiv wahrgenommenen Belastung (vgl. Dorsch 1998, S. 472).

Kritische Ereignisse sind demzufolge alle Ereignisse, Entwicklungen, Veränderungen - ob innerlich oder äußerlich -, die in einem Menschen eine Krise auslösen.

Jedes belastende Ereignis in dem Leben eines Menschen bringt ein gewisses Ungleichgewicht mit sich und birgt in sich die Möglichkeit einer Krise. Auslöser für eine Krise könnte also so gut wie alles sein, ob eine drohende Scheidung, ein Sohn mit Drogenproblemen, eine ungewollte Schwangerschaft, eine bevorstehende Prüfung oder eben die Summe von Alltagswidrigkeiten (vgl. Aguilera/ Messick 1977, S. 99/110). So ist es möglicherweise das Glas, das einem Menschen beim Abwasch aus der Hand rutscht und in Scherben zerspringt, oder eine Waschmaschine, die ihren Geist aufgibt, eine Begegnung mit dem respektlosen Verhalten eines Jugendlichen oder die Nachricht, dass man am Wochenende bei der Arbeit einspringen muss und somit (wie bereits erwähnt) der Tropfen gegeben ist, der „das Fass endgültig zum Überlaufen bringt".

So vielfältig unser menschliches Leben ist, so vielfältig sind auch die Möglichkeiten, in eine Krise zu geraten.

Abschließend möchte ich noch auf zwei wichtige Aspekte hinweisen: Das Phänomen Krise betrifft nicht nur Individuen. Und: Es gibt Gruppierungen, die offenbar einer besonderen Gefährdung ausgesetzt sind.

Natürlich geraten nicht nur Individuen in Krisen, sondern auch Familien und weit größere Gruppen von Menschen (z. B. durch Naturkatastrophen oder Krieg). Familien können z. B. in Krisen geraten durch den Verlust eines Familienmitgliedes, Trennung oder Scheidung der Eltern, Arbeitsplatzverlust des verdienenden Elternteils, schwere Krankheit eines Mitgliedes, Migration und viele der genannten Gründe, durch die auch einzelne oder große Gruppen von Menschen in Krisen geraten.

Nicht nur Rat und Hilfesuchende geraten in Krisen, sondern z. B. auch Helferinnen, Beraterinnen, Therapeutinnen. Gerade Menschen aus helfenden Berufsbereichen können durch die an sie gestellten Anforderungen in Krisen geraten (vgl. Jost 2006, S. 119). Beispiel: Eine Therapeutin kehrt aus ihrem zweiwöchigen Urlaub zurück und erfährt, dass sich einer ihrer Klienten in der Zwischenzeit das Leben genommen hat, obwohl er sich in den Wochen zuvor recht stabil gezeigt hatte. Solch eine Situation kann neben einer tiefen Betroffenheit auch massive Selbstzweifel, Schuldgefühle, mitunter auch Angst vor Verantwortungszuschreibung, also eine Welle von Emotionen und Gedanken auslösen, die auch diese Therapeutin erheblich in eine Krise stürzen können. Ein anderer Auslöser könnte z. B. auch eine zunehmend höhere Arbeitsbelastung von Sozialarbeiterinnen sein, immer mehr Fälle, die immer weniger zu bewältigen sind und die durch Überbelastung zu einer Krise führen.

Letztlich können alle Menschen von Krisen getroffen werden.

Wie der Verlauf einer Krise aussehen kann, soll im Folgenden aufgezeigt werden.

1.5 Phasen eines Krisenverlaufs

Phasenmodelle im Bezug auf unser menschliches Erleben können mitunter helfen, den Blick für einen konkreten Einzelfall zu schärfen. Es sei aber darauf hingewiesen, dass jede Phaseneinteilung die Gefahr in sich birgt, als grobe Typisierung und Verallgemeinerung missbraucht und missverstanden zu werden (vgl. Brem-Gräser 1993, S. 163).

Deshalb soll hier zunächst der Kritik an Phasenmodellen bezüglich des Verlaufs von Krisen Raum gegeben werden.

Im Bezug auf den Verlauf einer Krise gibt es große individuelle Unterschiede. Vergleichbare Belastungen ergeben bei unterschiedlichen Personen weder einheitliche emotionale Reaktionen noch ähnliche Bewältigungsformen. Generalisierungen scheinen hier nicht möglich zu sein. So halten Phasenmodelle des Krisengeschehens einer empirischen Überprüfung in der Regel nicht stand (vgl. Ulich 1987, S. 43; Filipp 1995, S. 38).

Zudem sind Krisenabläufe nicht genau vorhersagbar. Sie können statisch sein, sie können aber auch offen, unvorhersehbar, also dynamisch verlaufen (vgl. Hildenbrand 2008, S. 207).

Unter Berücksichtigung dieser berechtigten Kritik sollen aber dennoch zwei Phasenmodelle aus dem anfangs genannten Grund vorgestellt werden.

Cullberg beschreibt vier Phasen des Krisenverlaufs für traumatische Krisen:

1. Schockphase: Die Wirklichkeit bleibt zunächst fern. Äußerlich wirken Betroffene mitunter geordnet, während innerlich ein Chaos abläuft. Im Nachhinein existieren häufig keine Erinnerungen an diese Zeit. Der seelische Aufruhr kann zu ziellosen Aktivitäten oder bei starkem Rückzug zu einem Zustand der „Betäubung“ führen.

2. Reaktionsphase: Die Konfrontation mit der Realität ist unvermeidlich. Häufig treten hier Verdrängungsphänomene, Verleugnungstendenzen, Rationalisierung der Ereignisse und oder sozialer Rückzug mitunter mit selbstzerstörerischen Tendenzen (z. B. Alkohol- und Medikamentenmissbrauch) auf. Im

Vordergrund stehen jedoch emotionale Reaktionen, wobei unterschiedlichste Gefühle mit ungeahnter Intensität auftreten. Hier besteht einerseits Fixierungsgefahr, wenn z. B. frühere Missbrauchserlebnisse, die bislang nicht erinnerbar waren, durch einen bestimmten Krisenanlass von Symptomen des Wiedererlebens (Ekel, Angst, Schuld, Ohnmacht) zu Tage treten. Andererseits besteht Chronifizierungsgefahr, wenn die äußeren Hilfsstrukturen unbefriedigend sind oder überhaupt soziale Isolation auftritt.

3. Bearbeitungsphase: Durch eine Reflexion des Krisenanlasses wird sich allmählich von Trauma und Vergangenheit gelöst. Langsam tauchen wieder Interessen auf, Zukunftspläne werden geschmiedet. Während sich die Schockphase von der Reaktionsphase klar abgrenzen lässt, gehen die Reaktionsphase und die Bearbeitungsphase nicht nur kontinuierlich ineinander über, sondern wechseln einander immer wieder ab. Die Bearbeitung des Krisenanlasses bringt schon wesentliche Erleichterung, wird aber immer wieder von dem erneuten Aufflackern der Reaktionsphase unterbrochen, wenn auch im weiteren Krisenverlauf immer seltener und schwächer.
4. Neuorientierung: Das Selbstwertgefühl ist wieder hergestellt, neue Beziehungen werden aufgenommen, neue Ziele werden entwickelt. Insgesamt wurde Lebenserfahrung hinzugewonnen (vgl. Sonneck 2000, S. 33f).

Caplan beschreibt vier Phasen des Krisenverlaufs für Veränderungskrisen, zu denen weitgehend auch die Entwicklungskrisen hinzugezählt werden können:

1. Die Entstehung von Angst und Spannung aufgrund eines Ereignisses, eines Problemdrucks, einer wahrgenommenen Bedrohung, welche gewohnte Problemlösungsreaktionen hervorruft, die früher erlernt wurden.
2. Das Auftreten von Gefühlen der Hilflosigkeit und Unzulänglichkeit, dadurch, dass die gewohnten, erlernten Reaktionen nicht hilfreich greifen.
3. Die Mobilisierung von Selbstheilungskräften. Der steigende innere Spannungszustand wirkt als mächtiger Anreiz für die Mobilisierung innerer und äußerer Ressourcen. Sämtliche Kraftreserven und Bewältigungsmechanismen für Notfälle werden aktiviert. Neue Methoden werden erprobt. Hier besteht die Möglichkeit a) zur Bewältigung der Krise oder b) das Eintreten von Resignation, sodass bestimmte Teilziele als unerreichbar aufgegeben werden.
4. Zusammenbruch, Identitätsverlust. Wenn das Problem andauert, weder lösbar noch vermeidbar ist, so steigt die emotionale Spannung über eine Schwelle hinaus, die mitunter zu einem Zusammenbruch führt, der mit einer größeren Desorganisation und dramatischen Folgen einhergehen kann (vgl. Aguilera/ Messick 1977, S. 102f; Brem-Gräser 1993, S. 163f).

Sonneck erweitert dieses Phasenmodell um zwei weitere Phasen:

5. Die Bearbeitung des Krisenanlasses, der Veränderung und ihrer Konsequenzen und Belastungen.
6. Neuanpassung. Die Entwicklung neuer Anpassungsstrategien an die veränderte Situation (vgl. Sonneck 2000, S. 37).

Ein günstiger Krisenverlauf wäre also demnach daran zu erkennen, dass Selbstheilungskräfte oder aber auch äußere Ressourcen mobilisiert werden und somit eine Anpassung an die Erfordernisse der neuen Situation gelingt (vgl. Jost 2006, S. 114). Beispiel: Eine Frau (Sabine) nimmt das veränderte Verhalten ihres langjährigen Lebenspartners wahr. Als sie ihn darauf anspricht, erfährt sie, dass er einer anderen Frau seine Liebe gestanden hat und sich von ihr (Sabine) trennen möchte, wodurch sie fortan in eine Krise stürzt. Die Welt bricht über sie herein. Verlustangst, Chaos, Schmerz (emotionale Verwirrtheit) wechseln sich ab mit einem großen „Nichts“ im Hinblick darauf, wie und wo ihr Leben nun weitergehen soll und wird (Gefühl von Hilflosigkeit/Überforderung). Sie wendet sich in ihrem schmerzlichen Durcheinander an eine gute Freundin (Stütze, Ressource), die sich Zeit nimmt, sehr einfühlsam ist und bei der sie erst einmal für zwei Wochen unterkommt, um sich nicht in der gemeinsamen Wohnung (Eigentumswohnung des Partners) aufhalten zu müssen (Selbstschutz). Sie gibt ihren Partner aber nicht sogleich auf (Bewältigungsversuch), sondern gibt ihm die Chance, sich das alles noch einmal zu überlegen. Er bleibt allerdings auch zwei Wochen später bei seiner Entscheidung. Daraufhin beschließt sie umgehend, sich noch von ihrer Freundin aus eine kleine Wohnung zu suchen (Mobilisierung von Selbstheilungskräften) und wird fündig. Auch andere Freunde (Stützen) stehen ihr zur Seite und unterstützen sie in dieser gesamten Situation. Trotz des Schmerzes des Verlustes, den sie erlebt, beginnt sie damit, sich die neue Wohnung schön einzurichten (Selbstheilungskräfte). Dabei fällt ihr sogar auf (Reifungsprozess), dass sie auf die eine oder andere Dekoration lange verzichtet hatte, weil ihr ehemaliger Lebenspartner es gern anders haben wollte. Je mehr Verlustschmerz sie verwindet, je mehr Zeit ins Land geht, desto klarer wird ihr, dass nicht alles rosig war in der Beziehung und dass sie mit diesem Mann, betrachtet aus ihrer jetzigen Perspektive, eine enge Beziehung gar nicht mehr haben möchte (Neubewertung). Außerdem beschließt sie für eine zukünftige Beziehung, mehr sie selbst zu sein (Wachstum) und sich nicht wieder so zurückzunehmen, wie sie es in der letzten getan hatte. Sie hat sich in ihrer neuen Lebenssituation eingefunden (Anpassung an die neue Situation), kann sich des Lebens wieder freuen und geht letztlich gestärkt und um Erfahrungen reicher aus dieser Krise hervor.

So könnte ein günstiger Krisenverlauf beschrieben werden.

Für ungünstige Krisenverläufe hingegen ist charakteristisch, dass die Selbstheilungskräfte eines Menschen nicht ausreichen und auch Stützen (z. B. Freunde) nicht im erforderlichen Umfang vorhanden sind. Dadurch gelingt die Anpassung an die neue Situation nicht. Mögliche Reaktionen, die dadurch auftreten können, sind u. a. folgende:

- Der steigende innere Spannungszustand kann einen Punkt erreichen, an dem er schier unerträglich scheint. Das kann dazu führen, dass ein Impuls entsteht, diesen Spannungszustand zu lösen, ganz gleich wie. In solch einer Situation besteht die Gefahr von plötzlichen Kurzschlusshandlungen, wie aggressive Impulshandlungen (gegen sich und andere), Abbruch von Beziehungen und im tragischsten Fall Suizid oder Suizidversuch (vgl. Jost 2006, S. 106f/114). Beispiel: Wenn Sabine nicht bei einer Freundin oder bei Verwandtschaft unterkommen kann (fehlende Stütze) und dadurch gezwungen ist, die Wohnung weiterhin zu teilen, was ihre Belastung noch erhöht (zunehmender Spannungszustand), ihr außerdem momentan die Kraft fehlt, sich nach einer geeigneten Wohnung umzuschauen und sie sich dadurch in einer schmerzvollen, ohnmächtigen und ausweglosen Situation gefangen sieht (bis zum Unerträglichen), dann würde durchaus die Gefahr einer Kurzschlusshandlung bestehen.
- Ein lange anhaltender Krisenzustand führt zu einer Dauerspannung und kann schließlich eine Symptombildung begünstigen. So kann es zu psychischen und psychosomatischen Auffälligkeiten, Störungen und auch körperlichen Erkrankungen kommen, wie z. B. Depressionen, Psychosen, Magengeschwüre, Ekzeme etc. (vgl. Jost 2006, S. 114). Beispiel: Wenn Sabine zwar mit Hilfe von Freunden aus der gemeinsamen Wohnung auszieht, sich aber die neue Wohnung nicht schön einrichtet (fehlende Selbstheilungskräfte), weil sie darauf wartet, dass ihr ehemaliger Lebenspartner sich doch noch anders entscheidet und sie wieder zu ihm zurück gehen kann; wenn sie also weder die Trennung verwinden noch sich auf eine neue Lebenssituation einlassen kann (anhaltender Krisenzustand), weil sie sich in einer Warteschleife befindet und die Ungewissheit für sie zum Dauerzustand (Dauerspannung) wird, dann besteht die Gefahr, dass es z. B. zu beschriebenen psychischen oder psychosomatischen Auffälligkeiten kommt.
- Das mit der Krise einhergehende Problem kann aufgeschoben werden. So tritt zwar zunächst eine Beruhigung ein, zu einer Lösung der Krise (z. B. Beziehungskrise) verhilft das jedoch nicht, sodass sich die Situation zu einem späteren Zeitpunkt erneut (möglicherweise noch stärker) zuspitzt (vgl. Jost

2006, S. 114). Beispiel: Wenn Sabine ihren Lebenspartner nicht auf sein verändertes Verhalten anspricht (Aufschieben von Problemen), sondern es zu ignorieren versucht, so kann sie die Krise möglicherweise aufschieben, allerdings in diesem Beispiel wohl kaum verhindern. Wochen später sieht sie bei einem Blick aus dem Fenster, wie ihr Partner aus dem Auto einer Frau aussteigt und dieser Dame noch einen zärtlichen Abschiedskuss gibt, was bei Sabine eine noch tiefgreifendere Krise auslöst (noch stärkere Zuspitzung) als die Krise, die eine Trennung dieser Art ohnehin schon auszulösen vermag.

An dem gewählten Beispiel wird bereits die Variationsbreite möglicher Reaktionen und ihren möglichen Auswirkungen deutlich. Diesem Thema möchte ich mich nun im Folgenden zuwenden.

1.6 Reaktionen und Bewältigungsmöglichkeiten

So unterschiedlich die Auslöser und die Entstehungen von Krisen sein mögen, so unterschiedlich sind auch die möglichen Reaktionen darauf. Manche Menschen setzen sich erst einmal hin und versuchen, sich zu sortieren, andere nehmen Kontakt zu Freunden oder zur Familie auf, um sich auszusprechen, wieder andere weinen sich aus oder fluchen, beschädigen Gegenstände oder schlagen Türen zu, wieder andere ziehen sich vorübergehend zurück. Dies sind nur wenige Bespiele von einer Vielzahl möglicher Reaktionen auf Krisensituationen. Insgesamt aber scheint es zur Bewältigung von Krisen begünstigende und ungünstigere Reaktionsweisen zu geben.

So bezeichnet der Psychiater Clinebell einige Reaktionen auf Krisen als „vernünftige Bewältigungsformen“, welche die Krisenbewältigung begünstigen, wie:

- Sich dem Problem stellen, die Situation erkennen und akzeptieren
- Gefühle wie Verletztsein, Wut, Angst, Schuld, Trauer usw. ausdrücken
- Die Verantwortung für die Bewältigung der Krise übernehmen
- Hilfe annehmen
- Unterscheiden zwischen Veränderbarem und Nichtveränderbarem
- Das Unabwendbare akzeptieren
- Zwischen realen und unangemessenen Schuldgefühlen unterscheiden
- Kontakt aufnehmen zu anderen Menschen (Familie, Freunde, Beraterin)
- Konkrete Schritte zur Lösung des Problems unternehmen, seien sie auch noch so klein (vgl. Brem-Gräser 1993, S. 170).

In dieser Aufzählung finden sich nahezu alle Aspekte jenes Beispiels wieder, das ich zuvor für die Beschreibung von Sabines günstigem Krisenverlauf gewählt hatte.

Darin wird auch deutlich, dass die Bewältigung einer Krise nicht aus einer einzigen Handlung besteht, sondern aus einer Vielzahl von Handlungen und Gedanken, die sich im Laufe der Zeit aufgrund komplexer Anforderungsgefüge in einem Menschen entwickelt haben. Es mag Bewältigungsmuster geben, die für einen Menschen mehr oder weniger charakteristisch sind, aber auch diese bestehen nicht aus einer einzigen Handlung, sondern aus einer Kombination verschiedener Handlungen und Gedanken (vgl. Lazarus 1995, S. 221).

Im Gegensatz zu den „vernünftigen Bewältigungsformen“ nennt Clinebell auch einige Reaktionen und Voraussetzungen, die für die Bewältigung von Krisen ungünstig sind:

- Die Leugnung des Problems (des Ereignisses, der Situation)
- Die Flucht aus dem Problem (z. B. durch Alkohol, Tabletten andere Drogen)
- Die Unfähigkeit, andere Lösungsmöglichkeiten zu entwickeln
- Die Unfähigkeit, Gefühle wie Wut, Verzweiflung, Angst auszudrücken
- Die Weigerung, Hilfe zu suchen oder anzunehmen
- Die Projektion der gesamten Verantwortung für die Krise auf andere
- Der Rückzug von Freunden und von der Familie (vgl. Brem-Gräser 1993, S. 171).

Wie sich solche Reaktionen und Voraussetzungen ungünstig auswirken können, soll folgendes Beispiel verdeutlichen: Die Ehefrau des 78-jährigen Herrn Müller ist vor einigen Wochen gestorben. Seither zeigt sich sehr deutlich, dass er allein nicht zurechtkommt. Er ist mit dem Haushalt völlig überfordert. Obwohl er Hilfe angeboten bekommt, lehnt er diese beharrlich ab. Zuhause spricht und verhält er sich so, als sei seine Frau noch am Leben. Fragen ihn entfernte Bekannte (die über den Tod seiner Frau noch nicht informiert sind), wie es seiner Frau gehe, antwortet er „gut“. Herr Müller könnte mit entsprechender ambulanter Hilfe möglicherweise eigenständig in seiner Wohnung leben. Seine Weigerung aber, Hilfe anzunehmen und die Verleugnung seiner Situation führen schließlich dazu, dass er in ein Heim eingewiesen wird, da er zu verwahrlosen droht.

Verhaltensweisen, die grundsätzlich eher den ungünstigen Voraussetzungen zur Krisenbewältigung zugesprochen werden, wie Rückzug, Verleugnung, aggressives Verhalten, müssen sich deshalb aber nicht zwangsläufig ungünstig auswirken. Für manche Menschen mag es zum Kraftschöpfen hilfreich sein, sich vorübergehend zurückzuziehen. Für andere mag es hilfreich sein, ein bestimmtes Ereignis erst einmal zu verleugnen, um sich etwas Zeit zu geben, das Geschehen zu einem späteren Zeitpunkt zu realisieren und zu verarbeiten.

Laut Liebermann zeigt sich z. B. bei alten Menschen, die sich gut an neue Lebensumstände anpassen können, eine Tendenz zu aggressivem, gereiztem und forderndem Verhalten. Dies sind Verhaltensweisen, die üblicherweise nicht mit erfolgreicher Anpassung in Zusammenhang gebracht werden (vgl. Danish/ D'Augelli 1995, S. 163).

Wichtig zu bedenken ist also, dass der Bereich menschlichen Erlebens und Handelns zu vielfältig ist, als dass Generalisierungen hier irgendjemandem gerecht werden könnten.

Um aber herauszufinden, welche Möglichkeiten hilfreich sein könnten, um Krisen zu bewältigen, lohnt sich ein Blick in die Resilienzforschung.

1.6.1 Resilienz

Experten haben viele Jahre damit zugebracht, herauszufinden, welche Faktoren bei der Entstehung von anhaltenden Verhaltensstörungen oder schweren affektiven Störungen eine Rolle spielen. Dazu haben sie die Lebensgeschichten Betroffener untersucht und damit ihre Aufmerksamkeit fast ausschließlich den negativen Effekten biologischer und psychosozialer Risikofaktoren gewidmet. Solch eine rückwärts gerichtete Betrachtungsweise vermittelt den Eindruck, dass sich die genannten Auffälligkeiten zwangsläufig in einem Menschen entwickeln, wenn dieser als Kind traumatischen Erlebnissen, psychischer Krankheit der Eltern, elterlichem Alkoholismus oder chronischem Unfrieden in der Familie etc. ausgesetzt war. Untersucht wurde hier allerdings nur das Leben der „Opfer“, nicht aber das Leben der Menschen, die vergleichbare Bedingungen gut überstanden hatten. Diese Perspektive hat sich in den letzten 25 Jahren allmählich verändert. So konnte in Längsschnittstudien nachgewiesen werden, dass von den Menschen, die als Kind gefährdenden Bedingungen ausgesetzt waren, sich viele wider allen Erwartungen im weiteren Leben erstaunlich gut entwickelten (vgl. Werner 2008, S. 28; Walsh 2008, S. 44).

Menschen, die derartigen gefährdenden Bedingungen ausgesetzt waren und diese unbeschadet überstanden haben, werden als „resilient“ bezeichnet. Was aber bedeutet Resilienz?

Eine Beschreibung dazu lieferte bereits Nietzsche. Er spricht von *Wohlgeratenheit*, beschreibt zunächst Merkmale, die bei resilienten Persönlichkeiten zu beobachten sind, und anschließend eine Definition von Resilienz *avant la lettre:*

„Und woran erkennt man im Grunde die *Wohlgerathenheit*! Dass ein wohlgerathner Mensch unsern Sinnen wohlthut: dass er aus einem Holze geschnitzt ist, das hart, zart und wohlriechend zugleich ist. Ihm schmeckt nur, was ihm zuträglich ist; sein Gefallen, seine Lust hört auf, wo das Maas des Zuträglichen überschritten wird. Er erräth Heilmittel gegen Schädigungen, er nützt schlimme Zufälle zu seinem Vortheil aus; was ihn nicht umbringt, macht ihn stärker“ (Nietzsche 1980, S. 267).

Nietzsche beschreibt hier meiner Ansicht nach einen Menschen, der stark (hart), sensibel - verletzlich (zart) und zugleich angenehm im Umgang (wohlriechend), also sozial kompetent ist. Er ist in der Lage, zu unterscheiden zwischen dem, was ihm gut tut (was ihm zuträglich ist), und dem, was ihm nicht bekommt (wo seine Lust aufhört). Er kann Lösungen für seine Probleme entwickeln (errät Heilmittel gegen Schädigungen). Er ist in der Lage, auch schweren Krisen etwas Gutes abzugewinnen (nützt schlimme Zufälle zu seinem Vorteil), daran zu wachsen und schließlich gestärkt daraus hervor zu gehen (was ihn nicht umbringt, macht in stärker). Damit gibt Nietzsche eine sehr genaue Beschreibung von dem, was heute unter dem Begriff Resilienz verstanden wird, nämlich: die Fähigkeit von Menschen, „ (…) Krisen im Lebenszyklus unter Rückgriff auf persönliche und sozial vermittelte Ressourcen zu meistern und als Anlass für Entwicklung zu nutzen“ (Welter-Enderlin 2008, S. 13).

Es handelt sich bei Resilienz nicht um einen Wesenszug von Individuen. Es geht vielmehr um Handlungs- und Orientierungsmuster, die von Menschen durch die Konfrontation mit und Bewältigung von widrigen Lebensumständen herausgebildet werden. Es wird davon ausgegangen, dass die Entwicklung dieser Muster sich weder auf bestimmte Lebensphasen beschränkt noch mit solchen abgeschlossen ist, sondern lebenslang andauert. Resilienz beschreibt also einerseits spezifische Handlungs- und Orientierungsmuster der Krisenbewältigung, andererseits deren Entwicklung in immer neuen Erfahrungen der Bewältigung von Krisen (vgl. Hildenbrand 2008, S. 205).

Durch die Betonung des Prozesscharakters von Resilienz wird hier auch deutlich, dass Resilienz sich nur dort entwickeln kann, wo auch Risiko im Zusammenhang mit Krisen auftritt. Stärken von Individuen oder auch Familien können also ohne Belastungen oder Scheitern weder entstehen noch sich entwickeln. Mit anderen Worten: Ohne Krisen keine Resilienz (vgl. Hildenbrand 2008, S. 20/23).

Dass sich eine Krisenfestigkeit durch die Erfahrung von Krisen entwickelt, das bestätigen auch Fachleute aus der Lebensereignisforschung. Auch dort wurde erkannt, dass Erfahrungen mit der Auseinandersetzung von kritischen Lebensereignissen die Fähigkeiten einer kompetenten Bewältigung künftiger Ereignisse erhöhen (vgl. Danish/D'Augelli 1995, S. 164).

Aber auch hier darf nicht generalisiert werden, denn es gibt kritische Ereignisse, auf die eine solche Sichtweise nicht zutrifft. Bei Menschen, die Opfer von Gewaltverbrechen (z. B. Vergewaltigung) waren, zeigt sich, dass solche Ereignisse schwerer zu bewältigen sind, wenn sie mehrfach eintreten (vgl. Filipp 1995, S. 14; Montada 1995, S. 285).

Aber unabhängig davon, ob Ereignisse Ähnlichkeiten mit früheren Ereignissen hatten oder nicht, spielt der Erfolg, mit dem frühere Krisen bewältigt wurden, eine ganz wesentliche Rolle. Hat eine Person im Laufe ihres Lebens erfolgreiche Bewältigungsformen aufgebaut, kann das im günstigen Falle bedeuten, dass sie sich ihrer Bewältigungskompetenz sicher ist (vgl. Filipp 1995, S. 14; Danish/ D'Augelli 1995, S. 164), was sich wiederum positiv auf die Bewältigung künftiger Herausforderungen auswirkt.

Zurück zur Resilienz. Von manchen Forschern wird Resilienz mit dem Begriff der Unverletzbarkeit gekoppelt. Daraus entsteht dann mitunter so etwas wie das fragwürdige Bild eines Supermenschen. Hier besteht die Gefahr, anzunehmen, dass ein Mensch, der leidet oder sich zuweilen absolut elend fühlt, einfach nicht genug im Kontakt sei mit seinen Möglichkeiten, Schicksalsschläge zu ertragen. Resilienz bedeutet aber nicht, unverletzbar zu sein. Zu jedem Leben gehören Erfahrungen von Krisen, und so gibt es auch in jedem Leben Möglichkeiten, wo sich Resilienz zeigen kann, selbst in tiefer Verzweiflung und Traurigkeit. Resilienz bedeutet nicht einfach ein schönes Lebensgefühl, sondern die Fähigkeit, den zerrüttenden Herausforderungen des Lebens zu begegnen und selbst gegen alle Wahrscheinlichkeit sogar daran zu wachsen (vgl. Welter-Enderlin 2008, S. 9/15).

Resilienz macht also vor allem die Fähigkeit aus, persönliche und sozial vermittelte Ressourcen, wie auch Möglichkeiten, die im eigenen Lebensumfeld zur Verfügung stehen, zu erkennen und zu nutzen, um Krisen zu bewältigen. Dabei ist die Resilienz von der Wechselwirkung zwischen diesen Ressourcen abhängig (vgl. Werner 2008, S. 30).

Welche Ressourcen oder Bewältigungsmöglichkeiten aber sind es nun, die Menschen im Besonderen dabei unterstützen können, Krisen zu bewältigen? Es gibt sicher eine Vielzahl Bewältigungsformen für Krisen. Orientiert an der Resilienzforschung, sollen im Folgenden einige wesentliche Aspekte aufgeführt werden.

1.6.2 Ressourcen

Hilfreich sind persönliche Ressourcen, wie die Fähigkeit, zu merken, was man selbst braucht, was einem gerade fehlt. Aktiv etwas für sich zu tun, z. B. sich anderen Menschen zu öffnen, um sich Unterstützung und Hilfe zu holen. Mitunter ist es wichtig, dafür deutliche Signale zu setzen, dass Hilfe gebraucht wird (vgl. Welter-Enderlin 2008, S. 13).

Es ist wichtig, all den turbulenten Gefühlen Ausdruck zu verleihen. Hilfreich ist der offene Austausch mit vertrauten Menschen, in deren Gegenwart Gefühle von Angst, Wut, Verzweiflung, Trauer, Verletzlichkeit usw. Raum haben. Manche Menschen nutzen lieber kreative Möglichkeiten, um intensive Gefühle auszudrücken, auch das ist hilfreich. Wesentlich ist nur, dass die Gefühle Raum bekommen, damit sie sich nicht anstauen, da dies die Gefahr z. B. von Kurzschlusshandlungen erhöht (vgl. Walsh 2008, S. 74f).

In Krisenzeiten brauchen Menschen Schutz, Geborgenheit und Vertrauen auf den Fortgang des Lebens. So ist es in solchen Zeiten besonders hilfreich, gut für sich selbst zu sorgen, sich zu pflegen, sich selbst gegenüber eine mütterliche Rolle einzunehmen (vgl. Kast 2007, S. 32).

Ein wesentlicher Aspekt zur Krisenbewältigung ist Flexibilität. Die Fähigkeit, sich fangen zu können und wieder Boden unter den Füßen zu spüren. Dazu gehört das Austesten verschiedener Möglichkeiten, sich neu organisieren, Offenheit gegenüber Veränderungen wie auch die Bereitschaft, sich auf neue Herausforderungen einzustellen (vgl. Walsh 2008, S. 61/69).

Eine positive Einstellung auch in Zeiten großer Herausforderungen und Belastungen wirkt sich psychisch wie auch physiologisch hilfreich aus. Hoffnung z. B. ist auf Zukunft gerichteter Glaube. Sie hat die Kraft, Energien frei zu legen, und motiviert, schwierige Lebensumstände kraftvoll zu bewältigen. Auch Zuversicht, Vertrauen und Mut bestärken darin, Initiative zu ergreifen, Chancen zu nutzen, das Mögliche zu meistern und auch zu akzeptieren, was nicht zu ändern ist (vgl. Walsh 2008, S. 61/64).

Auch Neubewertungen spielen für die Bewältigung von Krisen eine entscheidende Rolle. Ein Arbeiter z. B. kann seinen plötzlichen Arbeitsplatzverlust (der ihn in eine Krise stürzte) dahingehend neu interpretieren, dass dieser Arbeitsplatz ohnehin gefährlich und gesundheitsschädlich war und ihm seine Gesundheit von nun an wichtiger ist als der verlorene Job (vgl. Braukmann/Filipp 1995, S. 240).

Neben der Aktivierung der Selbstheilungskräfte (persönliche Ressourcen) ist eine der wesentlichsten Ressourcen, darin sind sich Fachleute einig, die Unterstützung aus dem sozialen Umfeld eines Menschen (vgl. Danish/D'Augelli 1995, S. 163; Montada 1995, S. 276; Jost 2006, S. 116; Walsh 2008, S. 71; Werner 2008, S. 30). Familie, Freunde und soziale Netzwerke sind eine enorme Lebensstütze in Zeiten von Krisen. Sie können praktischen Beistand leisten und emotionalen Rückhalt geben. Dazu zählt auch die Einbindung in organisierte Gruppen im Wohnumfeld oder in die Kirchengemeinde. Der Austausch mit anderen Menschen über die eigene Krisensituation kann Klarheit verschaffen. Außerdem können daraus Möglichkeiten entstehen, Probleme gemeinsam anzugehen, was dem betroffenen Menschen in schweren Zeiten eine Erleichterung und Anreiz zum aktiven Durchhalten sein kann (vgl. Walsh 2008, S. 71/72).

Auch ökonomische Ressourcen sind ein wesentlicher Rückhalt in Krisenzeiten. Für z. B. Alleinerziehende, Menschen ohne Schulabschlüsse oder Langzeitarbeitslose ist die finanzielle Notlage ein signifikanter Risikofaktor für die Entstehung von Krisen. So kann finanzielle Sicherheit ganz wesentlichen Rückhalt geben und zur Bewältigung von Krisen beitragen oder sie gar vermeiden (vgl. Walsh 2008, S. 71f).

Spirituelle oder religiöse Überzeugungen und Handlungen sind Kraftquellen die - jenseits konkreter Schwierigkeiten - eine Vorstellung von Sinn und Ziel im Leben geben. Viele Menschen finden in Zeiten von Leid und Not eine Quelle von Kraft, Trost und Orientierung in der Bindung zu ihren kulturellen oder religiösen Traditionen. Als Quellen von Resilienz gelten auch geistige Ressourcen, die in tiefer Gläubigkeit, Gebet und Meditation liegen können. Dazu zählt auch das Zusammengehörigkeitsgefühl in Glaubens- oder Kirchengemeinschaften. Nicht jeder Mensch findet seine spirituelle Nahrung im Rahmen einer Kirchenzugehörigkeit, sondern vielleicht eher in Musik und Kunst, dem Glauben an eine höhere Macht oder in einer tiefen persönlichen Verbundenheit mit der Natur (vgl. Walsh 2008, S. 67).

All die genannten Aspekte, vor allem in ihrem Zusammenwirken, können bei der Bewältigung von Krisen hilfreich sein.

1.6.3 Kohärenzgefühl

Entscheidend für die Bewältigung von Krisen ist auch das Kohärenzgefühl eines Menschen. Das Kohärenzgefühl ist eine allgemeine „Orientierung, die ausdrückt, in welchem Ausmaß man ein durchdringendes, andauerndes und dennoch dynamisches Gefühl des Vertrauens hat, dass“ (Antonovsky 1997, S.36) die Anforderungen des Lebens erklärbar bzw. verstehbar sind, dass man ihnen zu begegnen weiß und dass man in ihnen einen Sinn erkennen kann. Das Kohärenzgefühl besteht also aus dem Zusammenspiel der drei Faktoren Verstehbarkeit, Handhabbarkeit und Bedeutsamkeit.

Verstehbarkeit ist ein kognitives Verarbeitungsmuster. Sie bezieht sich auf das Ausmaß, in dem ein Mensch sich die Herausforderungen des Lebens erklären, sie kognitiv einordnen, also begreifen kann. Ein Mensch mit einem hohen Maß an Verstehbarkeit wird selbst unvorhergesehene Situationen (z. B. auch mit Hilfe früherer Erfahrungen) gut einordnen können (vgl. Antonovsky 1997, S. 34).

Handhabbarkeit meint das Ausmaß, in dem ein Mensch wahrnimmt, dass er geeignete (innere und äußere) Ressourcen zur Verfügung hat, um den Herausforderungen des Lebens zu begegnen. Ein Mensch, der ein hohes Maß an Handhabbarkeit erlebt, wird sich weniger in eine Opferrolle gedrängt oder ungerecht behandelt fühlen, sondern wird aktiv etwas unternehmen, um sich selbst zu helfen oder sich helfen zu lassen (vgl. Antonovsky 1997, S. 35).

Bedeutsamkeit meint das Ausmaß, in welchem ein Mensch seinem Leben und den dazugehörigen Herausforderungen einen Sinn geben kann. Es beschreibt, inwiefern Ereignisse und Situationen als (willkommene) Herausforderungen (und nicht als unwillkommene Lasten) betrachtet werden, für die sich Anstrengungen und Engagement lohnen (vgl. Antonovsky 1997, S. 35f). Solche Einstellungen haben entscheidenden Einfluss auf die Bewältigung von Krisen, da ein Mensch selbstbewusster reagiert, wenn er diese als Herausforderung betrachten kann.

Wenn ein Mensch also die Möglichkeit hat, seine Krise oder die Auslöser seiner Krise zu verstehen, wenn er erkennen kann, dass er sich selbst helfen oder sich helfen lassen kann und wenn er seiner Situation einen Sinn geben oder abgewinnen kann, so wird ihm ein solch starkes Kohärenzgefühl eine große Unterstützung bei der Krisenbewältigung sein.

Wenn es also gelingt, der Krisensituation einen Sinn abzugewinnen, könnten dann auch Chancen in ihr liegen?

1.7 Chance

Das chinesische Schriftzeichen für Krise ist aus den Zeichen für „Gefahr“ und „Chance“ zusammengesetzt. Somit spiegelt es sehr genau die Eigenschaften, die einer Krise innewohnend sind.

Schon Caplan und Erikson kamen zu der Ansicht, dass ein Scheitern an Krisen zu Krankheit führen kann, während das Überwinden von Krisen zu Reifung beiträgt (vgl. Borst 2008, S. 194).

Die Gefahr von Krisen ist, dass die Anpassung an die neue Situation nicht gelingt bzw. dass es einem Menschen nicht gelingt, sein Gleichgewicht wieder herzustellen, was (wie bereits beschrieben) einen steigenden Spannungszustand (Gefahr: z. B. Kurzschlusshandlungen), einen anhaltendenden Krisenzustand (Gefahr: z. B. psychische Auffälligkeiten), ein Aufschieben oder längerfristiges Verleugnen des Problems (Gefahr: z. B. erneute möglicherweise stärkere Zuspitzung) zur Folge haben kann.

Zweifelsohne bergen Krisen eine Menge mehr als die genannten Gefahren in sich, sie bringen aber auch die Chance zur Weiterentwicklung mit sich.

Danish und D'Augelli gehen sogar davon aus, dass jedem Wachstum ein Zustand des Ungleichgewichts oder eine Krise vorausgeht, dass Entwicklung quasi ohne Krisen gar nicht möglich wäre (vgl. Danish/D'Augelli 1995, S. 159).

Laut Ulich sollte Entwicklung allerdings nicht ausschließlich als ein Hindurchgehen durch Krisen betrachtet werden. Denn eine individuelle Persönlichkeit ist ganz sicher mehr als die Gesamtheit biographischer Krisenerfahrungen und erworbener Krisenbewältigungsstrategien. Auch Leben und Alltag bestehen aus weit mehr als nur der Konfrontation mit Herausforderungen, Bedrohungen und Belastungen (vgl. Ulich 1987, S. 56). Außerdem hält er es für problematisch, krisenhafte Einschnitte im Leben als „normal" zu erklären oder gar im Sinne von „notwendig" ideologisch zu überhöhen. Er sieht darin die Gefahr von Zynismus, der Rechtfertigung mieser Zustände und der Förderung fragwürdiger Erziehungsstile nach dem Motto „Gelobt sei, was hart macht" (vgl. Ulich 1987, S. 70f/72). Ulich hält Krisen nur dann für entwicklungsbedeutsam, wenn sie letztlich zu positiven Veränderungen führen, nicht aber wenn sie zu negativen Veränderungen führen, sodass diese Veränderungen beziehungslos, nur oberflächlich oder nur vorübergehend sind (vgl. Ulich 1987, S. 114).

Filipp weist darauf hin, dass es wohl eher eine Sache individueller Vorlieben ist, welchen Standpunkt Einzelne vertreten. Aufgrund wissenschaftlicher Erkenntnisse sei es jedoch weder gerechtfertigt, Krisen ausschließlich als Gefahren zu betrachten, noch in ihnen ausschließlich den Motor für Entwicklung und Chancen für persönliches Wachstum zu sehen (vgl. Filipp 1995, S. 45).

Dass eine Krise aber zumindest die *Möglichkeit* also die *Chance* positiver Veränderung in sich birgt und damit zu persönlichem Wachstum beitragen *kann*, das können auch Ulich und Filipp teilen (vgl. Ulich 1987, S. 35/72; Filipp 1995, S. 8).

Was aber sind die Chancen, die sich aus Krisen ergeben können?

Im günstigen Falle werden durch eine Krise neue Bewältigungsmöglichkeiten erlernt, die auch für künftige Herausforderungen angewendet werden können. In diesem Sinne können Krisen auch als Entwicklungschance verstanden werden. Krisen beinhalten gerade deshalb große Chancen, da die bisherigen Bewältigungsmöglichkeiten oft nicht mehr greifen und dadurch zwangsläufig neue erprobt werden müssen. Sie fordern also einen verstärkten Einsatz von Kräften, verlangen neue Sichtweisen, gewähren aber auch neue Erfahrungen und bieten damit eine Voraussetzung für das Erarbeiten neuer Bewältigungsmöglichkeiten. Diese wiederum erweitern das persönliche Repertoire und fördern somit die eigene Entwicklung (vgl. Jost 2006, S. 114; Olbrich 1995, S. 133).

Tatsächlich sind es oft die schlimmsten Zeiten in dem Leben eines Menschen, die zugleich das Beste hervorbringen. Krisen können dazu führen, dass Veränderung und Wachstum eines Menschen Richtungen einschlagen, die zuvor nicht zu erahnen waren. Menschen, die erschütternde Krisen erlebt haben, gehen mitunter mit einem gestärkten moralischen Bewusstsein und neuen Lebenszielen daraus hervor und entwickeln durch die eigene Erfahrung von Leid ein echtes Mitgefühl für die Notlagen anderer Menschen. Manche Menschen werden durch die Erfahrung von Leid dazu inspiriert, ihr Befinden auf künstlerischem Gebiet zum Ausdruck zu bringen. Eine Krise kann den Lebenskurs eines Menschen sogar so verändern, dass er sich fortan für das Wohl anderer oder für soziale Gerechtigkeit einsetzt (vgl. Walsh 2008, S. 68).

Krisen können auch zu sensibilisierten Wahrnehmungen führen. Nicht wenige Menschen, die schwere Krankheiten überstanden haben oder sogar schwer krank sind, berichten darüber, dass sie ihre Umwelt und sich selbst seither bewusster wahrnehmen, z. B. die Schönheit der Natur, die Intensität von Begegnungen. Die Kostbarkeit des Lebens kann also durch Krisenerfahrungen eine ganz neue Qualität und Bedeutung erlangen (vgl. Kast 2007, S. 150).

Krisen können auch die Bindungen von Menschen stärken. Sie können verdeutlichen, wie wichtig bestimmte Angehörige oder Freunde sind. Sie können, um guter Beziehungen und sinnvoller Lebensziele willen, dazu anregen, alte Wunden heilen zu lassen und neue Prioritäten zu setzen. Selbst der Tod eines Kindes, eine solch erschütternde Erfahrung, kann Eltern bzw. eine Familie in ihrer Trauer einander näher bringen (vgl. Walsh 2008, S. 68; Jost 2006, S. 11).

Laut Kast kann eine Krise die Motivation für Veränderung ersetzen. Gerade in Krisenzeiten können ungesunde Verhaltensmuster verlernt und gesunde neu gelernt werden (vgl. Kast 2007, S. 50). Menschen beispielsweise, die schlecht „nein“ sagen können, lernen oft erst durch die Erfahrung einer Erschöpfungskrise fortan besser mit ihren eigenen Kräften hauszuhalten.

Selbst traumatische Krisenerfahrungen bewirken nicht immer nur Leid oder psychische Störungen. Auch sie können Reifungsprozesse auslösen, wie sie in folgenden drei Bereichen sichtbar werden: In einer veränderten Selbstwahrnehmung (z. B. sich nicht als Opfer, sondern als Überlebende zu sehen), in einer Veränderung interpersoneller Beziehungen (wie z. B. der Öffnung gegenüber anderen Menschen oder auch vermehrtes Zulassen von Emotionen und Einfühlungsvermögen), in einer Veränderung der Lebenseinstellung (z. B. der Entwicklung neuer Lebensziele oder der Beschäftigung mit spirituellen Fragen) (vgl. Hepp 2008, S. 151).

Auch Krisen, die z. B. durch Wohnortwechsel ausgelöst werden, enthalten Chancen zu persönlichem Wachstum. Durch die Erfahrung, sich an solch einschneidende Veränderungen der Umweltbeziehungen anpassen zu können, entwickeln Menschen mitunter Gefühle von gewachsener Autonomie, gesteigertem Selbstvertrauen und einem erweiterten Horizont (vgl. Fischer/Fischer 1995, S. 151).

Was in Krisenzeiten möglich ist, wird z. B. auch beim Umgang mit Naturkatastrophen deutlich. Wenn viele Menschen durch ein plötzliches Ereignis existenziell betroffen sind, nehmen wir ein Maß an Solidarität wahr, das uns überrascht. In solchen Zeiten zeigt sich, dass Menschen über alle Grenzen hinweg die Fähigkeit haben, zusammenzustehen und sich gegenseitig zu stützen (vgl. Jost 2006, S. 120).

Für den individuellen Menschen jedoch scheint mir das Wichtigste, dass er die Erfahrung machen kann, Krisen zu bewältigen, schwierige Umstände zu überstehen, sich mit Veränderungen zurechtzufinden, Unveränderliches zu akzeptieren und sich neuen Perspektiven und Sichtweisen zu öffnen. So besteht paradoxer Weise gerade in den Zeiten, in denen Menschen Unsicherheit, Ängste, Hilflosigkeit oder auch Schwäche erleben, die besondere Chance, dass sie ihre eigenen Kräfte entdecken.

Eine der denkbar schwersten menschlichen Erfahrung scheint mir die Depression zu sein. Auf sie möchte ich im Folgenden ausführlich eingehen.

2 Depressionen als Formen besonders schwerer Krisen

Die Erfahrung, Krisenzeiten zu durchleben, kennen die meisten Menschen aus ihrem eigenen Leben. Wir Menschen kennen auch sicher fast alle hin und wieder das Gefühl, deprimiert, traurig oder „nicht so gut drauf" zu sein, weil wir nicht gut geschlafen haben, etwas schief gelaufen ist oder das Wetter anders ist, als wir es uns erhofft hatten. Im Auf und Ab des Lebens sind uns Zustände nicht fremd, in denen wir uns lustloser, energieloser, etwas resignativ fühlen oder wir unzufrieden mit uns selbst sind, über Vergangenes oder Zukünftiges nachgrübeln und uns von Sorgen und Ängsten bedrängt fühlen. Auch kennen wir Gefühle der Entmutigung, wenn wir ein gestecktes Ziel nicht erreicht haben oder wenn wir uns von einem Menschen enttäuscht fühlen. Umgangssprachlich beschreiben wir diese Zustände und Gefühle häufig damit, dass wir uns depressiv oder deprimiert fühlen. Gleichzeitig aber fühlen wir uns deshalb nicht gleich krank oder behandlungsbedürftig. Meistens hängt diese Art Verstimmung mit einer aktuellen und zeitlich begrenzten psychischen Belastung zusammen. Sobald die Belastung nachlässt oder wir Lösungen gefunden haben, sehen wir wieder Land und unsere Stimmung hellt sich wieder auf. Außerdem reißen wir uns für gewöhnlich in solchen Zeiten zusammen und stehen trotzdem auf und gehen zur Arbeit, auch wenn uns das morgendliche Spiegelbild wenig Freude bereitet. Oder wir lassen uns von Freunden trösten und Mut zusprechen. Manchmal nehmen wir vielleicht einen Tag Urlaub oder versuchen abends erst einmal zu schlafen in dem Wissen, dass am nächsten Morgen oft alles schon wieder ganz anders aussieht (vgl. Hegerl/Althaus/Reiners 2006, S. 9f; Jost 2006, S. 17).

Dass wir den Begriff „depressiv" für diese Stimmungen verwenden, bringt allerdings einige Missverständnisse mit sich und auch eine Quelle der Verwirrung. Zeiten von Freudlosigkeit und Entmutigung im Alltag sind von therapiebedürftigen Depressionen zu unterscheiden. Denn solch ein alltäglicher Erfahrungshintergrund wird dem Erleben eines Menschen, der im medizinischen Sinne depressiv ist, bei weitem nicht gerecht. Bei solch einem Menschen ist nicht nur die depressive Stimmung viel intensiver und über längere Zeit anhaltend, sondern auch die Qualität des Erlebens ist in fundamentaler Weise verändert, was sich z. B. daran zeigt, dass Betroffene von einem Gefühl innerer Versteinerung oder innerem Abgestorbensein sprechen, dass sie eben keine Gefühle von Traurigkeit oder Melancholie mehr erleben können, dass die Zeit nicht mehr voranschreitet, dass es keine Zukunft und keine Hoffnung mehr gibt. So ist es also unbedingt notwendig, vorübergehende emotionale Befindlichkeitsbeeinträchtigungen von Depressionen im medizinischen Sinne deutlich abzugrenzen (vgl. Hegerl/ Althaus/Reiners 2006, S. 10; Jost 2006, S. 17).

Im Folgenden aber soll zunächst einmal der geschichtliche Hintergrund zur Depression dargestellt werden.

2.1 Geschichte der Depression

In geschichtlichen Überlieferungen finden sich Hinweise, dass ägyptische Priester bereits vor dreitausend Jahren eine Krankheit behandelten, für die sie zwar noch keinen Namen hatten, deren Krankheitsbild aber auf die Depression zutrifft. Die Priester konnten beobachten, wie Menschen nach einem Verlust in eine niedergeschlagene Stimmung verfallen, die lange anhalten und in Phasen immer wieder auftreten kann (vgl. Nuber 2006, S. 16).

Im 8. Jahrhundert v. Chr. schildert auch Homer die Not eines depressiven Menschen (Bellerophon), der in tiefer Einsamkeit umherirrt und von Kummer und Verzweiflung geplagt ist. Da „irrt' er umher einsam, sein Herz von Kummer verzehret, durch die aleische Flur, der Sterblichen Pfade vermeidend" (Homer, Sechster Gesang Vers 202-203).

Auch in der Bibel gibt es viele Hinweise, die auf Depressionen hindeuten. Eine der bekanntesten Geschichten (im ersten Buch Samuel) ist wohl die des schwermütigen Königs Saul, der mit seinem Schicksal haderte und sich am Ende selbst in sein Schwert stürzte (vgl. Die Heilige Schrift 1992, S. 380). Oder auch David, der im Psalm 22 Folgendes sagt: „(…) ich aber bin ein Wurm und kein Mensch (…), wie Wasser bin ich hingeschüttet, und alle meine Gebeine haben sich getrennt, wie Wachs ist mein Herz geworden, zerschmolzen in meinem Inneren. Meine Kraft ist vertrocknet wie eine Scherbe, und meine Zunge klebt an meinem Gaumen (…)" (Die Heilige Schrift 1992, S. 683). Auch bei Hiob (7/21) tauchen solche Hinweise auf: „(…) und warum werde ich mir zu Last?" (ebd., S. 635); (Hiob 7/4-6) „Wenn ich mich niederlegte, so sagte ich: Wann kann ich aufstehen? – Und der Abend zieht sich hin und ich bin gesättigt mit Unrast bis zur Morgendämmerung (…) meine Tage gleiten schneller dahin als ein Weberschiffchen und schwinden ohne Hoffnung." (ebd., S. 634); (Hiob 30/16) „Und nun zerfließt in mir meine Seele, die Tage des Elends packen mich" (ebd., S. 654). Oder auch bei Jeremia (Klgl. 3/17-18), wenn er sagt: „(…) ich habe vergessen was Glück ist" (ebd., S. 996).

Dem depressiven Leiden wird erstmals in den hippokratischen Schriften (Corpus Hippocraticum) ein Name gegeben. „Wenn Angst und Traurigkeit lange andauern, so handelt es sich um einen melancholischen Zustand" (zit. n. Hell 2007, S. 27). Melancholie wird mit Schwermut, Trübsinn, Traurigkeit, Weltschmerz übersetzt. Die eigentliche Übersetzung des Wortes bedeutet Schwarzgalligkeit und ist auf die Viersäftelehre des Hippokrates zurückzuführen (vgl. Wahrig 2001, S. 580f).

Im 1. Jahrhundert v. Chr. finden sich Hinweise darauf, dass es sich bei der Melancholie nicht um eine Geisteskrankheit, sondern um eine Gemütskrankheit handelt. Cicero, ein römischer Redner und Staatsmann, verweist darauf, dass es vor allem besonders begabte und außergewöhnliche Menschen seien, die von diesem Leiden ergriffen würden. Darüber hinaus grenzt er die Melancholie eindeutig ab von dem „Wahnsinn, welcher mit Torheit verbunden ist“ (zit. n. Jost 2006, S. 36).

Auch in der Schule des Aristoteles wurde die Melancholie nicht als Fluch, sondern als Auszeichnung betrachtet. Allerdings wies Aristoteles auf Risiken hin, dass die Melancholie bei Unausgeglichenheit zu einer ungebührlichen Abkühlung und Erstarrung führe (vgl. Hell 2007, S. 20).

Im Laufe der Zeit hat sich die Bezeichnung für depressives Leiden mehrfach verändert. Im Mittelalter wurde eine besondere Form der depressiven Verstimmung als Akedia (Trägheit) bezeichnet. Die Akedia galt zu dieser Zeit, gemäß dem damaligen Glauben, als Sünde, die mit sozialer Ächtung bestraft wurde (vgl. Hell 2007, S. 27; Jost 2006, S. 36).

Im 18. Jahrhundert wiederum stand die Melancholie unter Dichtern als gefühlvoller Gemütszustand hoch im Kurs. Von ihnen wurde sie sehnsuchtsvoll als Quelle der Inspiration angerufen (vgl. Hegerl/Althaus/Reiners 2006, S. 48).

Goethe dichtet dazu:

Zart Gedicht, wie Regenbogen,

Wird nur auf dunklem Grund gezogen;

Darum behagt dem Dichtergenie

Das Element der Melancholie (Goethe, aus Wissen im Netz 2008).

Erst im 19. Jahrhundert begann sich der Begriff der Depression (Niedergeschlagenheit, gedrückte Stimmung) mit dem Aufkommen der naturwissenschaftlichen Medizin mehr und mehr durchzusetzen (vgl. Hell 2007, S. 27; Wahrig 2001, S. 194).

Während die Schwermut also in der griechischen und römischen Antike als Gemütskrankheit außergewöhnlicher Menschen ein durchaus hohes soziales Ansehen hatte, galt sie im Mittelalter als „Sünde wider den Heiligen Geist“, als Zurückweisung der Heilszusage Gottes. So hat die Depression nicht nur eine lange, sondern auch eine leidvolle Geschichte (vgl. Jost 2006, S. 36).

Anhand dieser Ausführungen wird deutlich, dass es depressives Erleben wohl schon immer gegeben hat. Depressionen scheinen also zum Menschsein dazuzugehören. Allerdings wird hier auch deutlich, dass unter den verschiedenen Begriffen nicht immer das Gleiche verstanden wird, worauf als Nächstes eingegangen werden soll. Auch stellt sich die Frage, ob das Phänomen der Depression nur wenige außergewöhnliche Menschen betrifft oder ob es häufiger auftritt.

2.2 Melancholie in Abgrenzung zu Depression

Worte wie Schwermut, vor allem aber Trübsinn, Traurigkeit und Weltschmerz - wie die Melancholie heute übersetzt und im Allgemeinen verstanden wird - beschreiben etwas anderes als das Wort Niedergeschlagenheit.

Melancholie und Depression meinen nicht dasselbe. Eine melancholische Stimmung beschreibt einen intensiven, gefühlvollen Augenblick und damit ist sie quasi das Gegenteil einer depressiven Stimmung. Depressionen sind vor allem durch einen Zustand der Gefühllosigkeit, innerer Versteinerung, der Unfähigkeit Freude, Trauer oder Lebendigkeit zu empfinden, gekennzeichnet. Nicht selten empfinden sich Betroffene als innerlich abgestorben. Selbst umgangssprachlich hat die depressive Stimmung nicht die Fülle und Farbigkeit einer melancholischen Stimmung (vgl. Hegerl/Althaus/Reiners 2006, S. 49).

Außerdem gibt es etwas, das fachkundige oder betroffene Menschen ganz sicher nicht mit einer Depression assoziieren, und zwar Kreativität. Melancholie hingegen, wie schon in dem Gedicht von Goethe erkennbar, wurde und wird noch heute mitunter als unbedingte Voraussetzung für Kreativität und Inspiration verstanden. Melancholie und Depression ähneln sich möglicherweise auf den ersten Blick. Die Inaktivität der Melancholie ist jedoch vorübergehend, während sie in einer Depression zur Starre führt. Die Melancholie wird als eine intellektuell gefärbte Reflexion der Welt verstanden und ist im Gegenteil zur Depression auch heute noch positiv besetzt (vgl. Hegerl/Althaus/Reiners 2006, S. 181).

Es ist daher etwas verwirrend, dass der Begriff der Melancholie auch heute noch zur Definition von Depressionen verwendet wird.

2.3 Trauer in Abgrenzung zu Depression

Auch Trauer und Depression werden umgangssprachlich häufig gleichgesetzt. Sie sind jedoch verschiedene Zustände, die sich nicht nur in ihrer Ausprägung oder Stärke voneinander unterscheiden. Eine Depression ist weder starke Trauer, noch ist Trauer eine abgeschwächte Form von Depression. Vielmehr stehen Trauer und Depression in einer paradoxen Beziehung zueinander, selbst wenn sie einen ähnlichen Auslöser haben (z. B. einen schwerwiegenden Verlust). Befindet sich ein Mensch in einer schweren Depression, dann ist er in seinem Erleben blockiert und so wird aktives Trauern vorerst unmöglich. Umgekehrt sind Depressionen dort fern, wo echte Trauer erlebt wird. Es ist also eher so, dass die Stärke des einen Prozesses die Schwäche des anderen bestimmt. So wird offensichtlich, dass Trauer und Depression durchaus etwas miteinander zu tun haben. Häufig folgt auf eine abklingende Depression ein Trauerprozess. Umgekehrt aber kann sich unverarbeitete oder blockierte Trauer auch zu einer Depression entwickeln (vgl. Hell 2007, S. 159f).

Ein anderer Unterschied zeigt sich darin, dass Trauer auf Außenstehende eine berührende Wirkung hat. Wir erleben Mitgefühl und sind mitunter geneigt, mitzuweinen, wenn wir mit Menschen Kontakt haben, die um den Verlust eines nahestehenden Menschen trauern oder wenn im Fernsehen von Menschen berichtet wird, die nach einer Katastrophe um ihre verunglückten Verwandten und Nahestehenden weinen. Trauer nehmen wir also als etwas „Warmes" wahr. Bei einer Depression hingegen fehlt diese Wärme. Zwischen Depressiven und Außenstehenden oder auch Angehörigen besteht eine enorme Distanz. So berichten Angehörige, dass sie mit dem Betroffenen nur wie mit einem Fremden reden können. Im Unterschied zur „warmen" Trauer wird eine Depression kühl bzw. kalt und distanziert erlebt (vgl. Katschnig 2001, S. 19).

Den Unterschied zwischen der warmen Trauer und der kalten Depression erklärt Katschnig auch an der uralten Geschichte von Orpheus und Eurydike. Eurydike stirbt zweimal und die Reaktion von Orpheus auf diese beiden Tode ist deutlich voneinander zu unterscheiden: Nachdem Eurydike an einem Schlangenbiss stirbt, erlebt Orpheus die schmerzhafte „warme" Trauer, die alle Menschen kennen. Als er aber - durch das Nichteinhalten des Verbots, sich nach ihr umzuschauen - ihren zweiten Tod herbeiführt, erstarrt Orpheus in einer unnahbaren und „kalten" Depression (vgl. Katschnig 2001, S. 11).

Im Unterschied zu Trauer gehen Depressionen grundsätzlich mit einem Verlust des Selbstwertgefühls einher. Die Störung der Selbstwertregulation ist der Kern depressiven Erlebens. Weitere Unterscheidungsmerkmale sind, dass Trauernde durchaus noch Momente der Freude erleben können, während Menschen in Depressionen dafür nicht mehr offen sind. Trauernde erleben sich selbst im Gegensatz zu depressiven Menschen als sehr lebendig. Ein Gefühl der Leere kann zwar auch zu Beginn eines Trauerprozesses auftreten, ist aber vorübergehend. Während in der Trauer ein Verlust aktiv verarbeitet wird, ist die Depression von Passivität begleitet. Trauer wird von Trauernden durchaus als etwas Sinnvolles wahrgenommen, hingegen herrscht in der Depression das Gefühl der Sinnlosigkeit vor (vgl. Katschnig 2001, S. 18f; Fartacek/Nindl 2001, S. 40).

Dies sind sicher nicht alle Merkmale, mit denen sich Trauer und Depression voneinander unterscheiden lassen, aber dass es deutliche Unterschiede gibt, wird hier doch erkennbar.

Zu unterscheiden ist aber auch zwischen einer Krise und einer Depression.

2.4 Krise in Abgrenzung zu Depression

Depressionen werden auch als besonders schwere Krisen (depressive Krisen) beschrieben, dennoch sind sie von einer Krise im engeren Sinne klar abzugrenzen. Wie bereits beschrieben, können sich Krisen durchaus zu Depressionen entwickeln (anhaltender Krisenzustand – pathologische Entwicklung möglich). Umgekehrt können sich Depressionen (wie im Folgenden noch deutlich wird) zu heftigsten Formen von Krisen zuspitzen, nämlich den suizidalen Krisen. Zudem werden Depressionen so häufig von Krisen begleitet, dass der Eindruck entsteht, sie gingen geradezu Hand in Hand. Dennoch gibt es zwischen Krisen und Depressionen Unterschiede zu verzeichnen.

Im ersten Kapitel habe ich die Merkmale einer Krise aufgeführt. Diese möchte ich hier nun schon einmal vorweg mit Merkmalen einer Depression gegenüberstellen, um damit die Unterschiede zu verdeutlichen. Eine Krise geht mit einem gestörten inneren Gleichgewicht und emotionaler Verwirrung (also einer gewissen Lebendigkeit) einher. Eine Depression hingegen ist eher von emotionaler Erstarrung und dem Gefühl des Abgestorbenseins gekennzeichnet. Während Krisen als Veränderungsprozess von Außenstehenden betrachtet und von Betroffenen erlebt werden, ist das Erleben einer Depression eher mit einem Stillstand gleichzusetzen. Eine Krise wird von Gefühlen der Aufregung begleitet, eine Depression eher von Gefühlsarmut. Während Menschen in Krisen für Hilfe mitunter sehr offen und empfänglich sind, meiden Depressive soziale Kontakte und werden auch von Außenstehenden (wie bereits beschrieben) als kühl und distanziert, sogar als fremd wahrgenommen, was einen Zugang zu ihnen erschwert. Während in einer Krise Bewältigungsmöglichkeiten ausprobiert werden, äußert sich die Depression eher durch Bewegungs- und Handlungsunfähigkeit. Menschen in einer Krise können möglicherweise noch oder schon einen Sinn in ihrer Situation erkennen, während Depressive in tiefer Sinn- und Hoffnungslosigkeit versinken. Menschen in Krisen können durchaus Gefühle der Trauer erleben, während Depressive dazu (wie bereits erwähnt) zunächst nicht mehr fähig sind.

Während Menschen, die Trauer oder Krisen erleben, durchaus noch Kraft aus ihrem Glauben schöpfen können, entfällt diese Möglichkeit in einer Depression mitunter völlig. Das Erleben eines allumfassenden Getrenntseins vom Leben ist derart intensiv, dass auch tiefe religiöse Überzeugungen oder Spiritualität zu leeren Hülsen werden (vgl. Hell 2007, S. 231).

Nach dieser Abgrenzung der Depression zur Melancholie, Trauer und Krise stellt sich die Frage nach der Verbreitung der Depression und ihrem Anteil an Erkrankungen insgesamt.

2.5 Epidemiologie

Tatsächlich zählen Depressionen heute wegen ihrer Häufigkeit zu den Volkskrankheiten und weltweit zu den häufigsten psychischen Störungen. Die Tendenz ist dabei sogar noch steigend. Sie gelten als der „Schnupfen" unter den psychischen Krankheiten. Diese verharmlosende Ausdrucksweise wird aber dem wirklichen Geschehen wohl kaum gerecht (vgl. Nuber 2006, S. 8/18). Die Stellungnahme des amerikanischen Sozialpsychologen Seligman klingt dagegen schon etwas ernsthafter: „Wir befinden uns mitten in einer Depressionsepidemie" (zit. n. Nuber 2006, S.18).

Bezogen auf die erwachsene Durchschnittsbevölkerung im Alter von 18 bis 65 Jahren errechneten Wittchen und Jacobi für die europäischen Länder eine 12-Monatsprävalenz der Major[1] Depression (schwere Depression) von 6,9%. Das heißt: In einem Zeitraum von 12 Monaten sind 6,9% der Allgemeinbevölkerung von einer schweren Depression betroffen. Aufgrund dieser Berechnungen wird das Lebenszeitrisiko, an einer Depression zu erkranken, auf mindestens 14% geschätzt. Hierbei gibt es weder ausgeprägte kulturelle noch regionale Unterschiede. In Deutschland kann davon ausgegangen werden, dass etwa 5 bis 6 Millionen Bundesbürger pro Jahr von einer Depression betroffen sind. Bezogen auf Europa kann von einer Zahl von 20 Millionen betroffener Menschen ausgegangen werden. Bei diesen Zahlen sind Kinder und Jugendliche sowie Menschen über dem 65. Lebensjahr nicht berücksichtigt (vgl. Wittchen/Jacobi 2006, S. 18/30).

Depressive Störungen beginnen häufig im späten Jugendalter oder frühen Erwachsenenalter. Je früher sie einsetzen, desto schwerer ist oft der Verlauf. Erfreulicherweise enden depressive Episoden häufig nach ca. 3 bis 6 Monaten, auch wenn keine Behandlung erfolgt. Viele der Menschen, die eine depressive Episode hinter sich haben, werden jedoch früher oder später erneut depressiv (ca. 65-70%), manche von ihnen mehrere Male und etwa 22% entwickeln sogar eine chronische Depression. Die Episodendauer ist höchst variabel und liegt bei

---

[1] Major: lat. maior = größer (vgl. Wahrig 2001, S. 561).

der Hälfte der Betroffenen unter 12 Wochen, bei 25% der Betroffenen bei 3 bis 6 Monaten und bei 22% bei mehr als einem Jahr. Auch die Schwere der depressiven Phasen ist variabel. In der Mehrzahl der Fälle werden die depressiven Episoden aufgrund der Symptomanzahl und Schwere als mittelschwer bis schwer klassifiziert. Das Durchschnittserkrankungsalter liegt bei 31 Jahren (vgl. Hammen 1999, S. 56; Wittchen/Jacobi 2006, S. 24).

Modellhafte Hochrechnungen prognostizieren für das Jahr 2020, dass Depressionen nach Herzkrankheiten mindestens die zweitschwerste Erkrankung weltweit sein wird, wenn die damit verbundenen Belastungen mit einbezogen werden. Diese beziehen sich nicht nur auf die Beeinträchtigung der Lebensqualität und Lebenserwartung der Betroffenen, sondern auch auf den Arbeitsausfall (Ausfall an Produktivkraft), auf die erheblichen volkswirtschaftlichen Belastungen[2], die Belastung der Angehörigen und die Folgeschäden für Familie und soziales Umfeld (vgl. Stoppe/Bramesfeld/Schwartz 2006, S. V).

Somit können wir heute wohl davon ausgehen, dass nicht mehr nur besonders begabte und außergewöhnliche Menschen von Depressionen betroffen sind.

Die Depression gilt aber nicht nur als die häufigste psychische Erkrankung der Allgemeinbevölkerung, sondern auch als die gefährlichste. 3 bis 4% aller depressiv Kranken sterben an Suizid. Die Lebenszeitsterblichkeitsrate durch Suizid beträgt bei den Menschen, die schwere Depressionen erleben bis zu 15% (vgl. Wolfersdorf 2006, S. 300; Eink/Haltenhoff 2007, S. 27).

In Deutschland sterben jährlich mehr als 11.000 Menschen an Suizid. In zwei von drei Fällen sind hierfür – vor allem wohl unzureichend behandelte – Depressionen die Ursache. Depressionen gelten aber nicht nur wegen der hohen Suizidgefährdung als gefährlich, sondern auch deshalb, weil sie sich insgesamt ungünstig auf die körperliche Gesundheit von Betroffenen auswirken. Deutlich wird das vor allem an älteren Menschen, die sich depressionsbedingt ins Bett zurückziehen, nicht mehr ausreichend trinken und essen, dabei körperlich abbauen und sich damit z. B. dem Risiko einer Lungenembolie aussetzen. Auch wird die Genesung nach einem Herzinfarkt durch eine Depression ungünstig beeinflusst und das Risiko, einen Herzinfarkt zu erleiden überhaupt erhöht. Auch der Verlauf anderer Krankheiten wird durch das gleichzeitige Bestehen einer Depression ungünstiger. Einerseits können Depressionen zahlreiche Körper-

---

[2] Für das Jahr 2002 wurde die volkswirtschaftliche Belastung in Deutschland durch Behandlung auf 4,03 Mrd. Euro beziffert. Die indirekten Kosten durch Arbeitsausfall wurden in Deutschland nicht untersucht, liegen aber in den USA mit einem Anteil von 69% höher als die direkten Kosten (vgl. Stamm/Salize 2006, S. 119).

funktionen beeinträchtigen, andererseits wirken sie sich auch negativ auf das Gesundheitsverhalten der Betroffenen aus (z. B. auf das Einhalten bestimmter Diäten, regelmäßige körperliche Bewegung) (vgl. Hegerl/Althaus/Reiners 2006, S. 16; Wolfersdorf 2001, S. 12).

Nicht nur die genannten Zahlen bereiten Sorge, sondern auch die Tatsache, dass viele Betroffene nicht die entsprechende Behandlung bekommen. Nach einer Studie des Max-Planck-Instituts für Psychiatrie in München erhalten nur knapp 30% aller Depressiven die richtige Diagnose und eine optimale Behandlung. An einem Stichtag erfüllen 11% der unausgelesenen Hausarztpatienten die Kriterien einer Major (schweren) Depression. Drei Viertel dieser Personen wurden als psychisch krank diagnostiziert und nur die Hälfte von ihnen erhielt die Diagnose einer Depression. Dafür gibt es verschiedene Gründe. Zum einen sind Hausärzte noch immer nicht genügend aufgeklärt und stellen deshalb eine falsche Diagnose. Erschwerend kommt hinzu, dass Betroffene ihre Symptome oft als persönliche Schwäche und Versagen empfinden und deshalb ihrem Gegenüber nur sozial akzeptierte Symptome schildern, wie z. B. Erschöpfung und Migräne. Eine weitere Schwierigkeit ergibt sich aus jenen Symptomen, die nicht so ohne weiteres auf eine Depression schließen lassen wie z. B. starke körperliche Schmerzen (ohne Befunde) oder Rastlosigkeit (vgl. Nuber 2006, S. 8f; Wittchen/Jacobi 2006, S. 30).

2.6 Geschlechtsunterschiede

Insgesamt sind Frauen ca. doppelt so häufig von Depressionen betroffen wie Männer. Auch Studien aus anderen Ländern - wie den USA, Neuseeland, Taiwan, Italien - und allen anderen Orten, an denen solche Erhebungen gemacht wurden, zeigen das Bild, dass es immer erheblich mehr Frauen gibt, die von Depressionen betroffen sind. Außerdem ist bei Frauen der Anteil wiederholter depressiver Episoden höher als gegenüber einmaligen depressiven Episoden. Das ist bei Männern umgekehrt. Bei ihnen ist die Zahl einmaliger Episoden höher als die der sich wiederholenden (vgl. Hammen 1999, S. 64; Wittchen/Jacobi 2006, S. 23f). Die Erklärungsansätze für diese Geschlechtsunterschiede schließen biologische wie auch psychosoziale Faktoren ein. Die derzeit plausibelsten Erklärungen jedoch befassen sich mit den Risikofaktoren, die soziale Ungleichheit und Aspekte der Geschlechterrollen berücksichtigen (vgl. Kühner 2006, S. 207).

Wenn die unterschiedlich hohen Depressionsraten von Frauen und Männern auf die Wirkung der Hormone zurückgeführt werden, ist dabei einerseits zu berücksichtigen, dass die Depressionen, für die hormonelle Abweichungen verantwortlich gemacht werden, entweder relativ kurz (Wochenbettdepression 1-2 Wochen) oder extrem selten sind (manisch-depressive Wochenbettpsychose 0,1 bis 0,2% der Mütter). Eine Wochenbettdepression kommt bei 13% der gebärenden Frauen vor. Damit weicht diese Depressionsrate nicht wesentlich von der Rate der gleichaltrigen nichtgebärenden Frauen ab, was wiederum dagegen spricht, dass hormonelle Faktoren für die Entwicklung von Depressionen eine signifikante Rolle spielen. Hinzu kommt, dass auch Väter nach der Geburt eines Kindes Depressionen entwickeln, wenn auch in geringerem Umfang. Tatsächlich konnten Studien nachweisen, dass der größte Prädiktor für die Entstehung einer Wochenbettdepression eine Depression in der Vorgeschichte der Betroffenen ist, wie auch fehlende soziale Unterstützung durch den Partner oder das soziale Netzwerk sowie stressvolle Lebensereignisse. Wenngleich bei einer kleinen Zahl von Frauen wahrscheinlich eine Übersensitivität gegenüber den hormonellen Vorgängen nach der Geburt entscheidend sein mag (vgl. Kühner 2006, S. 199f).

Die höheren Depressionsraten von Frauen sind aber wohl am ehesten damit zu begründen, dass sie insgesamt höheren Belastungen ausgesetzt sind als Männer. Zu nennen wäre z. B., dass sich strukturelle Benachteiligungen wie Armut, geringer sozialer Status, ökonomisches Ungleichgewicht und Diskriminierung nachweislich negativ auf die psychische Gesundheit von Betroffenen auswirken. In den meisten kulturellen Kontexten findet sich diesbezüglich noch immer ein Ungleichgewicht zu ungunsten der Frauen. Armut z. B. ist einer der bedeutendsten Risikofaktoren für Depressionen, dies gilt insbesondere für alleinerziehende Mütter (vgl. Kühner 2006, S. 202; Nuber 2006, S. 66).

In Interaktion mit dem Geschlecht, dem beruflichen Status sowie der Anzahl von Kindern im Haushalt zeigt sich bei verheirateten Männern das niedrigste Depressionsrisiko, bei verheirateten Frauen mit Kindern ohne Berufstätigkeit das höchste (vgl. Wittchen/Jacobi 2006, S. 22).

Zwar hat Berufstätigkeit im Allgemeinen einen positiven Einfluss auf die psychische Stabilität von Menschen, dieser Zusammenhang ist allerdings bei verheirateten Frauen und Müttern nicht signifikant erkennbar, was die Auswirkung multipler Rollenbelastungen widerspiegelt (vgl. Kühner 2006, S. 203). Auch Frauen, die beruflich in Männerdomänen vordringen (mittleres bis oberes Management, Professorenposten etc.) weisen ein erhöhtes Depressionsrisiko auf (vgl. Nuber 2006, S. 54).

Auch scheint es überhaupt Folgen für Frauen zu haben, verheiratet zu sein. Es zeigt sich, dass ledige Frauen seltener unter Depressionen leiden als verheiratete Frauen. Bei Männern ist dies wiederum umgekehrt (vgl. Wittchen/Jacobi 2006, S. 21; Nuber 2006, S. 53).

Nicht zu unterschätzen sind auch die Folgen von körperlicher und sexueller Gewalt, denen Frauen deutlich häufiger ausgesetzt sind als Männer. Gewalt in Partnerschaften mag von beiden Geschlechtern ausgehen, jedoch sind Frauen als Opfer wesentlich häufiger betroffen. In Deutschland erfahren 13% der Frauen in ihrer aktuellen Partnerschaft körperliche und oder sexuelle Gewalt (vgl. Kühner 2006, S. 204).

Auch sexueller Missbrauch in der Kindheit steht mit Depressionen (und anderen psychischen „Störungen") im Erwachsenenalter in engem Zusammenhang. Dabei sind Mädchen einem doppelt so hohem Missbrauchsrisiko ausgesetzt wie Jungen. Aufgrund zahlreicher Untersuchungen aus den USA und Europa wird davon ausgegangen, dass jedes 3. bis 4. Mädchen und jeder 7. bis 8. Junge von sexuellem Missbrauch betroffen ist (vgl. Kühner 2006, S. 205; BAG Prävention & Prophylaxe e.V. 2008).

Erfahrungen körperlicher oder sexueller Gewalt wurden erstaunlicherweise bis vor kurzem in der Depressionsforschung wenig beachtet. Jedoch sind derartige Erfahrungen aufgrund ihrer erheblichen Folgen geeignet, einen Teil der Geschlechtsunterschiede bei Depressionen zu erklären (vgl. Kühner 2006, S. 205; Hammen 1999, S. 67).

Studien konnten auch nachweisen, dass Frauen und Männer zwar dasselbe Risiko haben, auf belastende Ereignisse mit Depressionen zu reagieren, jedoch sind Frauen häufiger als Männer kritischen oder negativen Ereignissen ausgesetzt. Signifikant waren die Unterschiede im Bereich zwischenmenschlicher Schwierigkeiten, finanzielle, eheliche und berufliche Probleme sowie Ereignisse, die den untersuchten Personen aus ihrem Umfeld zugestoßen waren. Darüber hinaus werden Frauen - je stärker sie in Familien- und andere soziale Zusammenhänge eingebunden sind – auch durch Stressoren und Ereignisse mitbelastet, die andere Menschen betreffen (vgl. Hammen 1999, S. 67; Kühner 2006, S. 204).

Frauen tragen auch die Hauptlast bei der Pflege älterer und kranker Angehöriger. Die Depressionsrate von pflegenden Angehörigen ist gegenüber der Allgemeinbevölkerung erhöht, insbesondere bei den Frauen (vgl. Kühner 2006, S. 203).

Zu den Persönlichkeitsfaktoren, welche die Vulnerabilität (Verletzlichkeit) von Frauen gegenüber Depressionen erhöhen, zählen auch ein geringeres Selbstwertgefühl und eine geringere Selbstsicherheit. Weiter wurde beobachtet, dass Frauen anders mit Stress umgehen als Männer. Frauen sollen besonders zu symptombezogenem Grübeln über Ursachen, Art und Konsequenzen ihres Befindens neigen, was sich nachhaltig auf den Verlauf von Depressionen auswirken soll. Solche Grübeleien führen tendenziell eher zu einer Intensivierung eines negativen, auf die eigene Person gerichteten Denkens. Dadurch wird eine aktive Problemlösung behindert, und gleichzeitig wird damit eine zeitliche Ausdehnung und Verschlimmerung der depressiven Symptomatik bewirkt. Es finden sich Hinweise darauf, dass ruminatives (sich wiederholendes) Grübeln eine nachteilige Wirkung auf den Verlauf klinisch depressiver Episoden hat (vgl. Kühner 2006, S. 201; Hammen 1999, S. 68).

In der Artefaktforschung[3] werden verschiedene Faktoren untersucht, welche die geschlechtsspezifischen Unterschiede der Depressionsrate „künstlich" beeinflussen bzw. verfälschen könnten. Es wurde z. B. vermutet, dass Frauen ein verstärktes Hilfesuchverhalten zeigen und dadurch Depressionen bei ihnen häufiger festgestellt werden können. Im Vergleich der Ergebnisse von Bevölkerungsstudien und der Ergebnisse von Inanspruchnahmepopulationen ist jedoch das Geschlechterverhältnis für die Erkrankungsrate sehr ähnlich, was gegen die Annahme spricht, dass es sich bei den Depressionsraten von Frauen hauptsächlich um Hilfesuchartefakte handelt. Auch die Erkennungsrate von Depressionen durch behandelnde Ärzte ist für beide Geschlechter ähnlich. Weiter wird versucht, die Geschlechtsunterschiede der Depressionsraten damit zu erklären, dass Frauen aufgrund von Geschlechtsrollenstereotypen eine größere Bereitschaft zeigen, depressive Symptome zuzugeben, während dies von Männern stigmatisierend erlebt wird. Jedoch nennen Frauen in Bevölkerungsstudien nicht wesentlich häufiger als Männer die stigmatisierenden Kernsymptome einer Depression, sondern vielmehr körperlich-vegetative Symptome. Auch die Hypothese, dass Männer sich erst bei einer höheren Symptombelastung behandeln lassen, wird durch entsprechende Beobachtungen widerlegt. Männer weisen zu Beginn der Behandlung keine ausgeprägtere Symptomatik auf als Frauen. Ebenso zeigt sich der Krankheitsverlauf nicht ungünstiger als jener von Frauen. Neue Untersuchungen widersprechen auch dem Argument, dass Frauen eine bessere Erinnerungsbereitschaft gegenüber negativen affektiven Zuständen hätten, die ursächlich die höhere Depressionsrate erklären würde. Unbefriedigend bleiben zudem auch Erklärungsansätze, welche die erhöhte Alkoholismusrate von Männern als Ausdruck maskierter Depressionen zu interpretieren versuchen. Mit demselben Argument könnten auch andere Erkrankungen als maskierte Depressionen bezeichnet werden, die wiederum bei Frauen häufiger auftreten, wie z. B. Tablettensucht, Magersucht, Angst- und Essstörungen (vgl. Kühner 2006, S. 196f).

---

[3] Artefakt: Kunsterzeugnis (vgl. Wahrig 2001, S. 80). Artefaktforschung hat demnach das Ziel, Verzerrungen und Fehlerquellen, die in empirischen Forschungsprozessen entstehen, aufzudecken und zu beseitigen.

Zweifelsohne müssen solche geschlechtsspezifischen Artefakte bei der Benennung und Erkennung von Depressionen berücksichtigt werden, jedoch sind ihre Effekte zu gering, um die deutlich höhere Depressionsrate von Frauen zu erklären. Vielmehr muss wohl davon ausgegangen werden, dass es sich hierbei um ein reales Phänomen handelt (vgl. Kühner 2006, S. 197).

Diese Ansicht teilen jedoch nicht alle Experten. Für Möller-Leimkühler ist die Tatsache der hohen Suizidraten der Männer ein untrüglicher Beweis dafür, dass deren Depressionen häufig unerkannt bleiben und nicht behandelt werden (vgl. Möller-Leimkühler 2006, S. 216). Wie bereits erwähnt, wird davon ausgegangen, dass etwa zwei Drittel der Suizide ursächlich auf Depressionen zurückzuführen sind.

Tatsächlich zeigen sich Geschlechtsunterschiede nicht nur in der Häufigkeit depressiver Erkrankungen, sondern auch in der Suizidrate. Hier liegen die vollendeten Suizide bei Männern doppelt so hoch wie bei Frauen. Von den Männern, die sich suizidieren, wenden ca. 90% harte Suizidmethoden an, wie Erhängen, von großer Höhe stürzen, vor ein Fahrzeug werfen. Frauen wenden zweimal häufiger als Männer „weiche“ Suizidmethoden an (Vergiftung mit Medikamenten, speziell Psychopharmaka). So liegt der Anteil der harten Suizidmethoden von Frauen bei vollendeten Suiziden bei ca. 70%. Rund 40% aller Selbsttötungen werden von Menschen verübt, die über 60 Jahre alt sind. Betroffen sind davon vor allem Männer über dem 70. Lebensjahr. Das Lebenszeitrisiko, an einem Suizid zu sterben, ist für Männer mit 1,5% mindestens doppelt so hoch wie für Frauen 0,7%. Bei den Suizidversuchen hingegen sieht es wiederum anders aus. Frauen verüben etwa doppelt so viele Suizidversuche wie Männer. Bei Männern kommen Suizidversuche etwa 4 bis 5 mal häufiger, bei Frauen etwa 15 mal häufiger als Suizide vor (vgl. Eink/Haltenhoff 2006, S. 26ff).

Betrachtet man nun lediglich die doppelt so hohe Suizidrate von Männern, entsteht sehr wohl der Eindruck, dass die Geschlechtunterschiede damit zu erklären wären, dass Männer in ihrer Depressivität weniger erkannt und weniger behandelt werden als Frauen. Nimmt man aber die Rate der Suizidversuche (also potenzieller Suizide) von Frauen und Männern mit hinzu, gleicht sich das Bild wieder an die Zahlen der höheren Depressionsraten von Frauen an.

Zusammenfassend ist zu sagen, dass es ein Bündel verschiedener Faktoren ist, mit denen die Geschlechtsunterschiede von Depressionen erklärt werden können. Zudem sieht es ganz danach aus, dass Frauen tatsächlich häufiger betroffen sind. Wer nun die Zahl der depressiven Frauen und Männer mit strittigen Argumenten aneinander anzugleichen versucht, verhindert bzw. erschwert meines Erachtens eine auch sozialpolitisch notwendige Auseinandersetzung mit den höheren Belastungsfaktoren, denen Frauen offensichtlich ausgesetzt sind. Letztendlich aber ist es so, dass insgesamt sehr viele Menschen unter Depressionen leiden und so sollte die primäre Absicht wohl sein, diese Menschen so früh wie möglich zu erkennen, sie ernst zu nehmen und zu unterstützen, und zwar unabhängig von ihrem Geschlecht.

2.7 Definition

Das Wort „*deprimere*" stammt ursprünglich aus dem Lateinischen und bedeutet „niederdrücken". Heute wird der Begriff „Depression" mit Niedergeschlagenheit, gedrückter Stimmung und krankhafter Verstimmtheit übersetzt (vgl. Wahrig 2001, S. 194; Aktuelle Deutsche Rechtschreibung 2001, S. 204).

Wie eingangs erwähnt, wird das Wort „depressiv" im alltäglichen Gebrauch sehr häufig verwendet, was eine klare Abgrenzung zu ernsthaften Depressionen unbedingt notwendig macht.

Es handelt sich bei einer Depression nicht um eine schwankende Gestimmtheit in Zusammenhang mit Alltagsschwierigkeiten, sondern um ein Störungsbild bzw. Krankheitsbild, das „(...) den gesamten Menschen in seiner psychischen und körperlichen Befindlichkeit, in seiner Selbsteinschätzung und Selbstbewertung der eigenen Person, seines Tuns, in seiner Zukunft, in seinen Chancen, in seiner körperlichen und seiner psychischen Leistungsfähigkeit, in seiner Beziehungsfähigkeit und in seiner Vitalität derart beeinträchtigen kann, dass Krankschreibung, stationäre Behandlung, Lebensgefährdung durch Suizidalität, Beeinträchtigung der gesamten Lebensperspektive durch rezidivierende (wiederholende) Erkrankung, durch Chronifizierung entstehen können" (Wolfersdorf 2001, S. 11).

Depressionen sind von einer Symptomvielfalt begleitet und können sich dadurch bei verschiedenen Menschen unterschiedlich darstellen. Ein einheitliches Bild der Depression gibt es nicht. Unterscheidungen sind in sofern möglich, dass Symptomkombinationen als auch die Stärke und Dauer sowie die Häufigkeit auftretender Symptome voneinander abweichen (vgl. Jost 2006, S. 17).

Die Weltgesundheitsorganisation (WHO) schlägt heute zur verbindlichen Einteilung von Erkrankungen das ICD-10 (International Classification of Diseases) vor. Das ICD-10 meint die zehnte Überarbeitung des Internationalen Klassifizierungssystems, in dem Diagnosen aller Erkrankungen erfasst und klassifiziert werden. Die Einteilung psychischer Störungen - darunter auch die verschiedenen depressiven Erkrankungen - ist seit Mitte der 90er Jahre offiziell als Kapitel V der ICD weltweit eingeführt (vgl. Niklewski/Ricke-Niklewski 2007, S. 67).

Depressive Störungen werden im ICD-10 unter den „Affektiven Störungen“, also unter den Gemütsstörungen, aufgeführt. Eingeteilt werden sie nach groben Kriterien, wie Schweregrad oder Verlauf und ihrem Bezug auf äußere oder innere Auslöser. Auf vermutete Ursachen oder Bedingungen wird im Einzelnen nicht eingegangen. Diese Aufteilung kommt auf 15 verschiedene Untergruppen depressiver Episoden. Insgesamt werden je nach Auslöser, Schweregrad und Symptomatik über 30 Variationen voneinander unterschieden (vgl. Taschenführer zur ICD-10 Klassifikation psychischer Störungen 2006, S. 127ff/511). Dies zeigt die bereits erwähnte Vielfalt. Um den Rahmen einzugrenzen, werden im Folgenden nur die wesentlichsten Unterscheidungen getroffen.

2.7.1 Einteilung nach Schweregrad

Bei den typischen leichten, mittelschweren und schweren depressiven Episoden leidet die betroffene Person unter einer gedrückten Stimmung und einer Minderung von Antrieb und Aktivität. Fähigkeiten, wie Freude über etwas oder Interesse an etwas zu empfinden sowie das Konzentrationsvermögen, sind beeinträchtigt. Nach jeder kleinsten Anstrengung kann eine ausgeprägte Müdigkeit auftreten. Der Schlaf ist meist gestört, der Appetit gemindert. Das Selbstwertgefühl und Selbstvertrauen sind fast immer beeinträchtigt. Auch bei der leichten Depression sind Schuldgefühle und Gedanken um die eigene Wertlosigkeit zugegen. Die gedrückte Stimmung verändert sich von Tag zu Tag nur wenig und reagiert nicht auf Lebensumstände (vgl. Taschenführer zur ICD-10 Klassifikation psychischer Störungen, 2006, S. 127f).

Eingeteilt werden Depressionen je nach Anzahl depressiver Einzelsymptome in leichte, mittelschwere und schwere Episoden. Um die diagnostischen Kriterien zu erfüllen, sollten diese Episoden mindestens zwei Wochen andauern.

Bei einer leichten und mittelschweren Depression bestehen mindestens zwei, bei schweren Depressionen alle drei der folgenden Symptome:

- Depressive Verstimmung (Niedergeschlagenheit), in einem für die Betroffenen deutlich ungewöhnlichen Ausmaß, die meiste Zeit des Tages, fast jeden Tag, im Wesentlichen unbeeinflusst von den Umständen;
- Interessen- oder Freudenverlust an Aktivitäten, die normalerweise angenehm waren;
- Verminderter Antrieb oder gesteigerte Ermüdbarkeit/Erschöpfbarkeit.

Weiter bestehen bei leichter Depression mindestens zwei, bei mittelschwerer mindestens drei, bei schwerer Depression mindestens fünf der folgenden Symptome:

- Verlust des Selbstvertrauens oder des Selbstwertgefühls;
- Unbegründete Selbstvorwürfe oder ausgeprägte unangemessene Schuldgefühle;
- Wiederkehrende Gedanken an den Tod oder an Suizid oder suizidales Verhalten;
- Klagen über oder Nachweis eines verminderten Denk- oder Konzentrationsvermögens, Unfähigkeit, Entscheidungen zu treffen, Unentschlossenheit;
- Vorliegen einer ausgeprägten psychomotorischen Hemmung oder Ruhelosigkeit (subjektiv oder objektiv);
- Schlafstörungen jeder Art (Ein-, Durchschlafstörungen, zerhackter Schlaf, morgendliches Früherwachen, fehlende Erholung);
- Appetitsverlust oder gesteigerter Appetit mit entsprechender Gewichtsveränderung.

Um die diagnostischen Kriterien zu erfüllen, sollte die Gesamtzahl der genannten Symptome bei einer leichten Depression mindestens vier oder fünf, bei einer mittelschweren mindestens sechs oder sieben, bei einer schweren Depression mindestens acht ergeben (vgl. Taschenführer zur ICD-10 Klassifikation psychischer Störungen 2006, S. 127ff).

Es gibt noch etliche weitere Symptome, die bei Depressionen auftreten können:

- Mangelnde Fähigkeit, auf Ereignisse oder Aktivitäten emotional zu reagieren, die normalerweise eine Reaktion hervorrufen, Gefühllosigkeit;
- Nicht-Weinen-Können, manchmal auch Weinkrämpfe, Verzweiflung;
- Globale Angstzustände (vor allem, was auf einen zukommt), Angst vor dem Tag und seinen Anforderungen, Zukunftsangst, Versagensangst;
- Panikzustände, Panikattacken;
- Derealisation: die äußere Welt erscheint künstlich, unwirklich, surreal, fremd;
- Depersonalisation: z. B. sich selbst fern sein, sich entfremdet, unlebendig oder unwirklich vorkommen;
- Verändertes Zeiterleben: Zeit vergeht langsam, steht gar still oder rast schnell;
- Grübeln, Gedankenkreisen, Leeregefühl im Kopf;
- Selbstverurteilung, Selbstvorwürfe wegen Nichtkönnens;

- Gefühl von Hilflosigkeit, Hoffnungslosigkeit; negative Selbsteinschätzung;
- Depressiver Wahn: Verarmungs-, Schuld-, Versündigungs-, Untergangswahn;
- Ruhe- und Weglaufwünsche, Todeswunsch;
- Tagesschwankungen (Morgentief mit abendlicher Aufhellung);
- Leibgefühlsstörungen wie Druck-, Spannungs-, Schweregefühl;
- Kopf-, Nacken-, Glieder-, Herz- und Rückenschmerzen;
- Minderung oder Verlust von sexuellem Interesse (vgl. Wolfersdorf 2002, S. 15; Scharfetter 2002, S. 84ff/130ff/180ff/190).

Grundsätzlich lässt sich über die verschiedenen Schweregrade sagen, dass Betroffene auch bei leichten Depressionen bereits unter ihren Symptomen leiden und Schwierigkeiten haben, ihre beruflichen und sozialen Aktivitäten in gewohnter Weise fortzusetzen. Sie sind jedoch noch in der Lage, die meisten Aktivitäten ihres üblichen häuslichen, familiären und beruflichen Alltags aufrecht zu erhalten. Bei mittelschweren Depressionen ist dies nur unter erheblichen Schwierigkeiten möglich. Bei schweren Depressionen sind Betroffene außerstande, diese Aktivitäten fortzusetzen. Häufig besteht ein hohes Selbsttötungsrisiko. Die Betroffenen leiden stark unter den körperlichen Symptomen. Ein Verlust des Selbstwertgefühls und Antriebshemmung oder Ruhelosigkeit und innere Anspannung sind nahezu immer vorhanden (vgl. Taschenführer zur ICD-10 Klassifikation psychischer Störungen 2006, S. 129ff; Niklewski/Ricke-Niklewski 2007, S. 69).

2.7.2 Einteilung nach Verlauf

Für die Einteilungen depressiver Störungen ist auch ihr Verlauf entscheidend. Dabei wird unterschieden zwischen einmaligen und wiederkehrenden depressiven Episoden, unipolaren und bipolaren Verläufen und auch depressiven Zuständen, die über lange Zeit vorhanden sind und sich schon fast mit der Persönlichkeit des betreffenden Menschen verwoben haben (vgl. Niklewski/Ricke-Niklewski 2007, S. 69).

2.7.2.1 Major Depression

Als die klassische Depression gilt die sogenannte Major (große, schwere) Depression, auch melancholische Depression genannt. Früher wurde sie auch als endogene (von innen kommende) Depression bezeichnet, eine Depression, für die weder konkrete Auslöser noch Ursachen ausgemacht werden konnten, also irgendwie unerklärbar von innen aus dem Körper kommend. Der Begriff „endogen“ wird heute nicht mehr verwendet, da er fälschlicherweise impliziert, dass die Symptome biologischer Natur seien und in keinem Zusammenhang zu äußeren Belastungen stünden. Wird aber von einer Major Depression gesprochen, so wird dabei im Allgemeinen ein phasenhafter Verlauf und der Schweregrad betont. Ein phasenhafter Verlauf bedeutet, dass einzelne depressive Episoden wiederholt auftreten können, dazwischen aber auch lange Phasen ohne jegliche Symptome liegen. Zum Verlauf dieser Depression gehört aber auch ein mögliches tödliches Ende. Experten gehen (wie bereits erwähnt) davon aus, dass bis zu 15% der Betroffenen mit einer typischen Depression an Suizid sterben, vor allem, wenn sie nicht rechtzeitig behandelt werden (vgl. Niklewski/Ricke-Niklewski 2007, S. 70; Hammen 1999, S. 120).

Bei der Major Depression liegt das Vollbild einer schweren depressiven Episode vor. Also eine durchgehende affektive Herabgestimmtheit, die durch soziale Kontakte nicht beeinflussbar ist, Freudlosigkeit und Gefühl der Gefühllosigkeit, starke Schuldgefühle und Selbstwertproblematik. Psychomotorisch sind Betroffene entweder deutlich gehemmt oder erregt. Dazu treten verminderter oder gesteigerter Appetit mit entsprechender Gewichtsveränderung, ausgeprägte Schlafstörungen mit verkürztem, zerhackten Schlaf und morgendlichem Früherwachen auf. Auch Leibgefühlsstörungen, wie z. B. Druckgefühle im Kopf oder biologisch bedingte Tagesschwankungen mit morgendlichem Tief und abendlicher Aufhellung sowie der Verlust von sexuellem Interesse, sind häufig vorhanden (vgl. Wolfersdorf 2002, S. 50f).

2.7.2.2 Bipolare Störungen

Depressionen können unipolar (einpolig) oder bipolar (zweipolig) verlaufen. Manche dieser typischen schweren Depressionen entwickeln sich zu bipolaren Störungen (früher manisch-depressive Störung). Betroffene kennen bei der bipolaren Störung sowohl manische als auch depressive Zustände bzw. Episoden. Treten hingegen nur Manien oder nur Depressionen auf, wird dies als unipolarer Verlauf beschrieben.

Bei der bipolaren Störung treten also sowohl depressive als auch manische Phasen auf. Häufig werden die manischen Phasen von Betroffenen nicht als Leiden erlebt, sondern eher im Gegenteil. Das Grundphänomen ist hier das gehobene Lebensgefühl, das zwischen einer sorglosen Heiterkeit und unkontrollierter Erregung schwanken kann. Charakteristisch sind gesteigerte Unternehmungslust, Assoziationsreichtum der Gedanken, hohe Ablenkbarkeit, Gedankenrasen, ein enorm gesteigertes Selbstvertrauen und Selbstüberschätzung bis hin zu wahnhaften Größenphantasien (z. B. der „Kaiser vom Mars" zu sein, der auf der Welt blaue Luftballons für seine Kinder einkauft). Krankheitseinsicht und Realitätskontrolle sind nicht vorhanden. Psychomotorisch liegt häufig eine Antriebssteigerung vor, die nicht selten zu extremer Spontaneität im Reden und Handeln, zu gesteigertem Rededrang und schneller Erregbarkeit führt. Körperlich fühlen sich Betroffene äußerst vital, einhergehend mit geringem Schlafbedürfnis, gesteigertem Leistungs- und Kraftgefühl und gesteigertem sexuellem Interesse. Die Probleme bei der Manie sind vor allem die fehlende Realitätskontrolle, die soziale und wirtschaftliche Gefährdung und die Gefährdung von Beziehungen. Der Verlust von sozialen Hemmungen kann zu tollkühnem, rücksichtslosem oder auch persönlichkeitsfremdem Verhalten führen, z. B. Ausgeben von Lokalrunden, größere Geldtransaktionen, unüberlegte Firmengründungen, rücksichtloses Fahren im Straßenverkehr. Durch den Verlust der feinen sozialen Regeln in Interaktion mit anderen Menschen führen häufige manische Phasen zum Abbruch von Beziehungen, zu sozialem Abstieg und oft zu Trennung und Scheidung (vgl. Niklewski/Ricke-Niklewski 2007, S.71f; Wolfersdorf 2002, S. 51; Taschenführer zur ICD-10 Klassifikation psychischer Störungen 2006, 119ff).

2.7.2.3 Dysthymia

Wenngleich die sogenannte Dysthymia[4] zwar nicht die Kriterien einer leichten, mittelschweren oder schweren depressiven Episode erfüllt, so soll sie hier dennoch erwähnt werden. Bei ihr handelt es sich um eine chronische, mindestens über zwei Jahre anhaltende depressive Verstimmung. Kurze Perioden von normaler Stimmung können auftreten. Phasen von leichter Depression treten selten auf. Die Dysthymia ist vor allem durch die lang anhaltende depressive Verstimmung gekennzeichnet. Im Vordergrund stehen hier Störungen des Selbstwertgefühls, wie z. B. starke Unsicherheit und massive Selbstzweifel, Unzulänglichkeitsgefühle, aber auch Angstsymptome, wie z. B. Versagensängste. Auch hier können die für depressive Episoden typischen Symptome auftreten, wie Konzentrationsschwierigkeiten, sozialer Rückzug, Verlust von Freude oder Verlust von Interesse an angenehmen Aktivitäten, verminderte Gesprächigkeit, Neigung zu Pessimismus oder Grübeln über die Vergangenheit, Gefühle von Hoffnungslosigkeit und Verzweiflung. Auch ein erkennbares Unvermögen mit den Routi-

---

[4] Dysthymie = Trübsinn (vgl. Die Aktuelle Deutsche Rechtschreibung 2001, S. 240). Griech. Dys = je nach Zusammenhang schlecht, schwer, schwierig, widrig (vgl. Wahrig 2001, S.230). Griech. Thymos = Lebenskraft, Gemüt (vgl. Wahrig 2001, S. 941). Also auch zu verstehen als schweres Gemüt.

neanforderungen des täglichen Lebens fertig zu werden, kann sich zeigen. Insgesamt aber ist die Symptomanzahl und die Symptomstärke nicht so ausgeprägt wie bei den depressiven Episoden, was aber nicht bedeutet, dass Betroffene weniger leiden. Menschen, die an schweren depressiven Episoden leiden, können nach einigen Wochen wieder völlig genesen sein. Bei der Dysthymia hingegen bleiben die Symptome hartnäckig und über sehr lange Dauer bestehen, sodass Betroffene nicht selten deshalb verzweifeln, resignieren und sich für nicht behandelbar halten (vgl. Niklewski/Ricke-Niklewski 2007, S. 73; Taschenführer zur ICD-10 Klassifikation psychischer Störungen 2006, 140ff).

Dass die Dysthymia nicht unterschätzt werden sollte, wird auch an einer Untersuchung des Bundesgesundheitssurvey deutlich. Die Arbeitsausfalltage (bezogen auf ein Jahr) liegen bei Personen mit einer dysthymen Störung mehr als doppelt so hoch (38,4 Tage) wie bei Personen mit einer Major Depression (18,4 Tage) (s. Wittchen/Jacobi 2006, S. 25). Daran ist zu erkennen, dass auch eine depressive Verstimmung, wenn sie über lange Zeit anhält, folgenreich sein kann.

2.7.2.4 Weitere Depressionsformen

Es gibt noch weitere Unterscheidungen, die in der Fachwelt getroffen werden. Einige seien hier noch kurz dargestellt:

Die **Reaktive Depression** ist wahrscheinlich die häufigste Depression. Charakteristisch ist für diese Depression, dass sie als Reaktion auf vorangegangene kritische Ereignisse in Erscheinung tritt, wie z. B. dem Verlust eines nahestehenden Menschen durch Tod oder Trennung (dann häufig mit Suizidalität), einem Schwangerschaftsabbruch oder auch chronische Arbeitslosigkeit u.v.a. (vgl Wolfersdorf 2002, S. 52).

Depression mit psychotischen Merkmalen: Darunter ist eine besonders schwere Form der Depression zu verstehen, die mit Wahn oder Halluzinationen einhergeht, die durch äußere Faktoren nicht korrigierbar sind. Beide sind auf depressive Themen bezogen wie die Überzeugung, man habe großes Unheil angerichtet, man habe es verdient, bestraft zu werden, man selbst sei der Teufel, die Welt würde nun untergehen usw. (vgl. Hammen 1999, S. 25; Wolfersdorf 2002, S. 50).

Die **somatogene Depression** bezeichnet körperlich begründbare Depressionen, die als psychische Symptomatik oder Begleiterkrankung bei internistischen, neurologischen, orthopädischen, chirurgischen oder gynäkologischen Erkrankungen auftreten, z. B. bei Demenz, Epilepsie, Migräne, Schilddrüsenstörungen, Herz-Kreislauf-Erkrankungen, Infektionskrankheiten usw. Handelt es sich um eine Erkrankung des Gehirns, wird von einer **organischen Depression** gesprochen. Ist die Depression Symptom einer Erkrankung, die außerhalb des Gehirns liegt, spricht man von einer **symptomatischen Depression** (vgl. Wolfersdorf 2002, S. 54).

Die **klimakterische Depression** bezeichnet jene Depression, die durch das erstmalige Auftreten im Rückbildungsalter (Männer 50.-65. Lebensjahr, bei Frauen ab Klimakterium) charakterisiert ist. Neben hormonellen Veränderungen sind hier häufig auch psychologische Veränderungen in der Beziehung zur Partnerin/zum Partner, zu den Kindern und in der eigenen Lebensvorstellung zu bewältigen (vgl. Wolfersdorf 2002, S. 54).

Als **Wochenbettdepression** wird eine Depression bezeichnet, die innerhalb der ersten Wochen nach der Geburt eines Kindes auftritt. Viele Frauen erleben in den ersten Tagen nach der Entbindung leichte Beeinträchtigungen wie Weinen, Schlafstörungen, Appetitlosigkeit und Stimmungsschwankungen. Dieser sogenannte Postpartum Blues gilt als normale Reaktion auf die tiefgreifenden Hormonumstellungen nach der Geburt. Bei 13% der gebärenden Frauen entwickelt sich jedoch eine Wochenbettdepression, welche die Kriterien einer depressiven Episode erfüllt. Dies hängt (wie bereits erwähnt) weniger mit hormonellen Veränderungen zusammen als vielmehr mit z. B. Depressionen in der Vorgeschichte, fehlender sozialer Unterstützung und stressvollen Ereignissen (vgl. Kühner 2006, S. 199f; Hammen 1999, S. 26).

Als **Altersdepression** wird unabhängig von der Zuordnung, z. B. zu reaktiven oder typischen Depressionen (Major), nahezu jede Depression bezeichnet, die im höheren Lebensalter auftritt. Es wird davon ausgegangen, dass jeder siebte bis achte Mensch jenseits des 65. Lebensjahres unter einer Altersdepression leidet. In Einrichtungen wie Alters- oder Pflegeheimen soll der Anteil der Betroffenen sogar bei 30 bis 40% liegen. Betroffene ältere Menschen klagen besonders über körperliche Symptome, was das Erkennen einer Depression bei ihnen nicht einfach macht. Oder die depressiven Befindlichkeiten erscheinen als nicht veränderbarer Prozess, der eben zum Altern dazu gehört. Gefühle des Abgeschobenseins, die reale Erfahrung der Vereinsamung, Isolation und Überflüssigsein sind Denkinhalte und Sorgen von depressiven Menschen im höheren Alter. Dass die Betroffenen sehr darunter leiden, zeigt sich auch besonders an der hohen Suizidrate (vgl. Wolfersdorf 2002, S. 55f).

Bei der sogenannten **lavierten Depression** ist die Depression hinter körperlichen Beschwerden versteckt. Sie tritt also in Form einer körperlichen Krankheit auf, trägt damit quasi eine Maske, deshalb wird sie „laviert" genannt. Wenn viele körperliche Symptome bestehen, diese Beschwerden aber keiner organischen

Ursache zugeordnet werden können, wird von Ärztinnen/Ärzten und Internisten häufig dieser Begriff verwendet (vgl. Niklewski/Ricke-Niklewski 2006, S. 77).

Die **Winterdepression** beschreibt eine saisonal abhängige Depression, die ganz ihrem Namen nach im Winter auftritt und mit Frühlingsbeginn schlagartig endet. Zu den typischen Symptomen der Depression kommen ein extremes Schlafbedürfnis und ein auffälliger Appetit auf Nahrungsmittel wie Süßigkeiten, Nudeln und Brot (vgl. Niklewski/Ricke-Niklewski 2006, S. 77).

Dies sind nur einige sogenannte Depressionsformen. Hier wird also deutlich, dass je nach Auslöser oder Zusammenhang bald jede Depression einen anderen Namen hat, was sicher nicht nur bei Laien zu einer gewissen Verwirrung führen kann.

2.7.2.5 Wann besteht Behandlungsbedarf?

Behandlungsbedürftig sind vor allem die schweren und schwersten Formen depressiver Erkrankungen. Bei einer depressiven Wahnsymptomatik ist eine stationäre psychiatrische Behandlung unbedingt erforderlich, ebenso bei einer Depression, die mit einer hohen Suizidgefährdung einhergeht. Wichtige Hinweise auf umgehende erforderliche Behandlung sind Hoffnungslosigkeit, Schuld- und Wertlosigkeitsgefühle, Suizidideen – insbesondere wenn die betroffene Person nicht krankheitseinsichtig ist und sich in wahnhafter Weise nicht als kranker, sondern als schlechter, schuldiger Mensch ansieht. Angehörigen wird in diesem Fall empfohlen, die betroffene Person ohne zu zögern umgehend in eine psychiatrische Klinik zu bringen. Das gilt auch dann, wenn Angehörige an Wochenenden oder nachts der schweren Depression eines Familienmitgliedes hilflos gegenüberstehen. Sofortige Hilfe ist hier notwendiger als Rücksicht auf Stigmatisierung oder Angst vor Psychiatrisierung. Wenn eine Person unter akuten Herzschmerzen leidet und Verdacht auf Herzinfarkt besteht, würde kein Mensch - weder Angehörige noch Ärzte - zögern, die betroffene Person umgehend in klinische Behandlung zu geben. Bei schwer- und schwerstdepressiven Menschen, deren Depression mit Wahn- oder mit akuten Selbsttötungsideen einhergeht, geht es ebenfalls um Leben und Tod (vgl. Wolfersdorf 2002, S. 67).

Auch bei der bipolaren Störung (manisch-depressiv) besteht ein unbedingter Behandlungsbedarf. Die exzessiven Unternehmungen stellen ein hohes Risiko für Leib und Leben sowie für die soziale oder finanzielle Situation der Betroffenen dar. Bei schweren Fällen bleibt eine Klinikeinweisung zum Schutze des Betroffenen unumgänglich (vgl. Niklewski/Ricke-Niklewski 2007, S. 72).

Grundsätzlich aber besteht Behandlungsbedarf, wenn die Beeinträchtigungen nicht mehr von dem betroffenen Menschen selbst oder von seinem engsten Bekannten- und Familienkreis bewältigt werden können.

Insgesamt ist (fach)-ärztliche Behandlung bei folgenden Symptomen nötig:

- bei tiefer depressiver Herabgestimmtheit
- bei länger als zwei Wochen unverändert anhaltender Depressivität
- bei deutlicher Einengung des depressiven Denkens und depressivem Wahn
- bei ausgeprägtem Leidensdruck des/der Betroffenen
- bei Suizidideen, Suizidabsichten, akute Suizidgefahr, Zustand nach Suizidversuch
- bei ausgeprägten Schlafstörungen
- bei deutlicher Appetitstörung und Gewichtsabnahme
- bei Arbeits- und Leistungsunfähigkeit (Haushalt, Beruf)
- bei zunehmendem Leidensdruck des Umfeldes, bei fehlender Krankheitseinsicht des/der Betroffenen
- bei Ruhelosigkeit oder deutlicher psychomotorischer Hemmung
- bei deutlicher Veränderung gegenüber dem Vorzustand (vgl. Wolfersdorf 2002, S. 66).

Von schwer depressiv gehemmten Personen sollte nicht zu viel Eigeninitiative erwartet werden, da sie nicht mehr über hinreichend eigenen Antrieb verfügen. Wenn ein betroffener Mensch aufgrund seiner Depressivität keine Entscheidungen mehr treffen kann, sollten andere ihm den Entschluss, sich behandeln zu lassen abnehmen (vgl. Wolfersdorf 2002, S. 66).

2.8 Entstehung, Auslöser und Ursachen

Depressionen werden heute als Ergebnis komplexer Wechselwirkungen aus Veranlagung, (biographischen) Erfahrungen, körperlicher Gesundheit und sozialer Situation verstanden. Sie sind also ein multifaktorielles Geschehen, an dessen Entstehen viele Bedingungen und Auslöser beteiligt sind. Es gibt körperliche, seelische und soziale Bedingungen, die bei einem Menschen zu einer sogenannten psychobiologischen Disposition führen. Auf der Grundlage dieser Disposition kann sich dann beim Auftreten bestimmter (auslösender) Ereignisse eine Depression entwickeln (vgl. Wolfersdorf 2002, S. 37).

Depressionen können sich schleichend entwickeln, wobei es hier oft sehr lange dauert, bis sie als solche erkannt werden. Sie können aber auch plötzlich auftreten, meist ausgelöst durch ein vorangegangenes Ereignis. Gemeinsam ist allen, dass sie wellenförmig verlaufen mit starken und weniger starken Tiefs und bei leichteren Formen mit „Hochs" (vgl. Müller-Rörich/Hass/Margue/van den Broek/Wagner 2007, S.2/299).

Im Folgenden soll eine Reihe von Risikofaktoren vorgestellt werden, welche die Wahrscheinlichkeit erhöhen, an einer Depression zu erkranken. Hierbei gilt es natürlich zu bedenken, dass einzelne Faktoren nicht zwangsläufig zu einer Depression führen.

Genetische Faktoren: Aus der genetischen Familienforschung insbesondere der Zwillings- und Adoptionsforschung ist bekannt, dass bei Verwandten von psychisch erkrankten Menschen eine gewisse Erblichkeit für ein erhöhtes Depressionsrisiko eine Rolle spielt. Sichtbar wird dies an einer Häufung depressiver Störungen unter den Familienmitgliedern. Was genau dabei vererbt wird, z. B. eine Störung des Hirnstoffwechsels, eine Fehlfunktion im Stresshormonhaushalt oder eine Neigung zu depressiven Reaktionsweisen in Folge von Belastungen, ist unklar. Von einem einzelnen „Depressionsgen" wird jedoch nicht ausgegangen, sondern von einer Wechselwirkung mit Umweltfaktoren (vgl. Wolfersdorf 2002, S.39; Jost 2006, S. 13).

Biologische Stressoren: Depressionen können bei bestehender Disposition sowohl durch körperliche Erkrankungen, z. B. Diabetes, Herz-Kreislauf-Erkrankungen, Krebs, Allergien usw., als auch durch die Einnahme von Medikamenten ausgelöst werden (vgl. Bramesfeld/Stoppe 2006, S.2).

Neigung zu Krankheiten: Menschen, die in jüngeren Jahren häufig krank waren oder leicht krank wurden, haben ein erhöhtes Depressionsrisiko. Dazu zählen Infektionskrankheiten, aber auch psychische Auffälligkeiten, wie Angst- und Panikstörungen, Zwanghaftigkeit, allgemeine Stressanfälligkeit, Kreislaufprobleme oder psychosomatische Erkrankungen (vgl. Hautzinger 2006, S.23).

Frühere Depressionen: Das Depressionsrisiko ist besonders bei Menschen erhöht, bei denen bereits früher ängstliche und depressive Symptome oder gar depressive Episoden aufgetreten sind. Dabei müssen diese früheren Erfahrungen weder heftig oder langandauernd gewesen sein noch zu einer Behandlung geführt haben. Jede dieser Erfahrungen erhöht das Risiko, dass sich bei Belastung oder einer Krise erneut depressive Symptome zeigen (vgl. Hautzinger 2006, S. 23).

Soziale Faktoren: Eine höhere Rate depressiver Erkrankungen ist bei Bevölkerungsgruppen zu beobachten, die einen weniger privilegierten sozialen Status aufweisen. Dies betrifft Menschen, die ein niedriges Einkommen haben, arbeitslos sind, über wenig materielle Ressourcen und oder über einen geringeren Ausbildungstand verfügen. Weitere Risikofaktoren sind soziale Isolation, fehlende soziale Unterstützung und (wie bereits erwähnt) das weibliche Geschlecht (vgl. Wittchen/Jacobi 2006, S. 22; Hautzinger 2006, S. 36).

Weitere Faktoren: Als weitere Faktoren werden genannt: Fehlende Problemlösungs- und Bewältigungsmöglichkeiten, um mit Belastungen umzugehen, Mangel an Interessen und Zielen im Leben, Mangel an Beschäftigung mit angenehmen Aktivitäten oder auch Gleichförmigkeit des Alltags, des Wochen- und Jahresablaufs (vgl. Hautzinger 2006, S. 24f).

Persönlichkeitsfaktoren: Ein erhöhtes Risiko findet sich bei Personen, die besonders leistungsorientiert, ungewöhnlich gewissenhaft und äußerst selbstkritisch sind, die alles sehr genau machen wollen, ein eher negatives Bild von sich haben, sich klein machen und zu Selbstvorwürfen neigen. Menschen, die zu Depressionen neigen, haben häufig ausgeprägte Verlustängste, die sie zu kompensieren versuchen, indem sie z. B. in Partnerschaften jegliche Kritik vermeiden, sich stark anpassen, keine eigenen Ideen entwickeln, Streit und Aggressivität meiden, sich nicht wehren, nicht „Nein“ sagen. Sie nehmen auch Überlastungen in Kauf, leisten Übermäßiges, z. B. unbezahlte Überstunden. Diese Anpassung, Vermeidung von Aggression, Vermeidung von Distanzierung, Eigeninitiative und Individuation kennzeichnen die Menschen, die für Depressionen empfänglich sind (vgl. Jost 2006, S. 15; Wolfersdorf 2002, S. 46).

Belastende Ereignisse und Lebensumstände in der Kindheit: Belastende Ereignisse in der Kindheit erhöhen die Vulnerabilität gegenüber späteren depressiven Erkrankungen. Zu nennen sind sexueller Missbrauch, Misshandlung, Vernachlässigung, Verlusterlebnisse, trinkende oder psychisch kranke Eltern, Gewalt in der Familie, Eheprobleme der Eltern, Fehlen einer engen Beziehung zu einem erwachsenen Menschen (vgl. Hammen 1999, S. 130/134f).

Frühkindliche Mangelerfahrung: Hervorgerufen z. B. durch schwere Versagenserlebnisse, unsichere instabile Beziehung zu den Eltern - insbesondere zur Mutter -, durch fehlende emotionale Wärme und Anerkennung. So kann ein existenzielles „Zuwenig“ entstehen, einhergehend mit Gefühlen von Nichtgeliebt, Nichtversorgt, Nichtwertgeschätzt, Nichtanerkannt werden. Dies wird als Hauptgrundlage für die Selbstwertproblematik gesehen, die im späteren Leben bei vielen depressiv erkrankten Menschen zu beobachten ist - in Form von Gefühlen wie Minderwertigkeit, negativer Einstellung zu sich selbst, einer insgesamt verneinenden und entwertenden Grundeinstellung zur eigenen Person, zur Leistungsfähigkeit, zur Wertigkeit, zum Leben. Dadurch kann eine ausgeprägte emotionale Überbedürftigkeit entstehen, die sich in einem überstarken Bedürfnis nach Zuwendung, Anerkennung und Nähe (Bedürfnis nach symbiotischen Beziehungen) ausdrückt und in Folge dessen die betroffenen Menschen für Verlusterlebnisse - vor allem in Form von Trennungen - besonders verletzlich macht (vgl. Wolfersdorf 2002, S. 40f).

Konkrete Auslöser: Depressionen gehen in der Regel belastende Ereignisse voraus. Und ähnlich wie bei Krisen besteht auch gegenüber den Ereignissen, die Depressionen auslösen, eine besondere Vulnerabilität. Geschieht etwas, das einen Menschen dort trifft, wo er seine Prioritäten gesetzt hat und folglich besonders sensibel ist, wird die Belastung als besonders stark empfunden. Auch hier spielt also die Bedeutung, die ein Ereignis für einen Menschen hat, eine entscheidende Rolle. Zu nennen sind als Auslöser für Depressionen z. B. Veränderungen in den Lebensverhältnissen, Entwurzelungssituationen, Situationen von Hoffnungs- und Ausweglosigkeit, berufliche Überlastung, Fremdkritik an der eigenen Leistungsfähigkeit, Arbeitsplatzverlust, problematische Beziehungen und Partnerkonflikte, vor allem jedoch Verlustereignisse - insbesondere durch Trennung. Meist liegen unverarbeitete Erlebnisse aus der Kindheit vor, die dann durch ein auslösendes Ereignis (wie erwartete Trennung, Trennungsdrohungen, vollzogene Trennung oder auch Kränkungssituationen) die frühkindlich erworbene Selbstwertproblematik (das Gefühl des Vernachlässigt-, Nichtanerkannt-, Nichtgeliebt-, Nichtgesehenwerdens) erneut wachrufen. Dabei entstehen häufig existenzielle Gefühle von tiefer Ohnmacht und die Überzeugung, nicht mehr lebensfähig zu sein (vgl. Hammen 1999, S. 117/124; Wolfersdorf 2002, S. 53).

Es gibt auch bestimmte Verhaltensweisen, die ein Depressionsrisiko erhöhen können, wie:

- eine übermäßige Hilfs- und Aufopferungsbereitschaft in Verbindung mit der Unterdrückung eigener Interessen aus Angst vor Verlust oder Ablehnung (nur für andere leben);
- die Unfähigkeit, sich durchzusetzen und sich das Benötigte zuzugestehen und zu nehmen, die Überzeugung, niemals egoistisch sein zu dürfen bzw. die eigenen Bedürfnisse niemals vor die Erwartungen anderer stellen zu dürfen (andere kommen immer zuerst);
- die Abwertung eigener Leistungen und die Unfähigkeit, sie wahrzunehmen und sich darüber zu freuen (andere können sowieso alles besser);
- Abgrenzungsschwierigkeiten gegen zu viel Belastung, Stress und seelische Verletzung und damit verbunden die Unterdrückung von Wut und Ärger (lieber schlucken, als eine Konfrontation riskieren);

- Eine überdurchschnittliche Sensibilität für das Leid und die Probleme anderer, überdurchschnittliche Empathie und Identifikation mit den problematischen Seiten des Weltgeschehens (Pflicht, die Welt zu verbessern ohne Rücksicht auf sich selbst);
- Hang zu Perfektionismus aus Angst, sonst nichts wert zu sein, kritisiert zu werden, etwas falsch zu machen (nur ohne Makel wert, geliebt und gelobt zu werden).

Gemeint ist hier nicht, dass es ungesund sei, sich für andere Menschen einzusetzen oder dass Einfühlungsvermögen keine positive Eigenschaft wäre. Wenn aber die eigenen Interessen aus Angst vor Verlust oder mangelnder Anerkennung dauerhaft vernachlässigt werden, dann führt dies früher oder später zu Überforderung oder gar zum Zusammenbruch (vgl. Müller-Rörich/Hass/Margue/van den Broek/Wagner 2007, S. 256).

Es wird deutlich, dass es innere und äußere Faktoren sind, die in einem Zusammenspiel von Vulnerabilität und gegebenen Belastungen depressive Störungen begünstigen können. Aus dem komplexen Zusammenwirken ergibt sich aber auch, dass nicht jede psychische Belastung, nicht jedes belastende Lebensproblem zu einer schweren behandlungsbedürftigen Depression führt.

2.9 Psychosoziale Folgen

Depressive Menschen neigen zu einem starken sozialen Rückzug. Sie meiden Kontakte, gehen nicht mehr ans Telefon, sagen Verabredungen ab und ziehen sich mitunter ganz in sich selbst zurück. Das macht einen Umgang mit ihnen für Außenstehende weder attraktiv noch einfach. Die möglichen Folgen sind leicht auszumalen: In ihrer Unwissenheit und oder Verzweiflung begegnen Außenstehende dem Betroffenen mit Unverständnis oder „guten“ Ratschlägen, was die Einsamkeit der Betroffenen noch erhöht. Freundinnen und Freunde, die da nicht über ein großes Maß an Geduld verfügen, bleiben auf der Strecke. Familienangehörige verzweifeln und fühlen sich hilflos. Arbeitgeber sind entnervt wegen der zum Teil langen und wiederkehrenden Fehlzeiten. Und die Betroffenen selbst fühlen sich für all das zutiefst schuldig und allein dafür verantwortlich. Eine Depression bedeutet sowohl eine enorme Belastung für Betroffene als auch für das soziale Umfeld.

Depressionen können sich bei betroffenen Menschen auf die gesamte bio-psycho-soziale Ganzheit auswirken. Je nach Schweregrad sind Betroffene in ihrer Fähigkeit beeinträchtigt oder gar außerstande, ihren beruflichen und privaten Pflichten nachzukommen und ihre Beziehungen zu Angehörigen und Freunden in gewohnter Weise fortzusetzen. Mitunter verbringen Depressive viele Tage im Bett und starren ins Leere, oder sie laufen ziellos hin und her und zermartern sich den Kopf. Oft können sie sich nicht zu den kleinsten Handlungen aufraffen, nicht einmal zum Duschen, Baden oder Anziehen. Die negative Grundhaltung, die Hoffnungs- und Motivationslosigkeit sind den Menschen in ihrer Umgebung häufig fremd und unverständlich und führen bei ihnen nicht selten zu Frustration und Ungeduld. Daher verwundert es nicht, wenn zusätzlich zu den offenkundigen Schwierigkeiten beim Ausfüllen bisheriger Rollen auch zwischenmenschliche Konflikte nicht lange auf sich warten lassen (vgl. Hammen 1999, S. 50).

Natürlich geht die Depression eines Menschen an der Beziehung zum Partner nicht spurlos vorbei. Manchmal ist eine konfliktreiche Beziehung der Auslöser einer Depression, umgekehrt aber ziehen Depressionen auch eine Reihe von Belastungen und Konflikten nach sich. Als besonders belastend wird der Rückzug des Depressiven empfunden. Dabei wird er als fremd oder als weit entfernt und als kaum zugänglich erlebt. Die Kommunikation zwischen den Beziehungspartnern ist stark eingeschränkt. Gespräche können so sehr von der Depression des Partners bestimmt sein, dass wenig bis gar kein Raum für andere Themen verbleibt. Oft fühlen sich Partner ob der unbeeinflussbar depressiv-negativen Denkweise ihres Gegenübers, als würden sie „gegen Wände laufen". Auch der Ausdruck der emotionalen Verbundenheit durch Intimität und Sexualität ist durch eine Depression gestört. Depression ist Erstarrung, Leere, Wüste, Einsamkeit und unvereinbar mit dem Feuer der Leidenschaft. Partner von Betroffenen erleben dann Gefühle der Einsamkeit und Traurigkeit über diesen Verlust. Zudem beziehen viele diese Verhaltensweisen zunächst einmal auf sich selbst und zweifeln an der Beziehung, anstatt diese Anzeichen mit einer möglichen Depression ihres Gegenübers in Verbindung zu bringen. Auch Gefühle von Sorge, Angst, Überforderung und Verzweiflung gegenüber der Ungewissheit, wie es weiter geht, wann die Depression nachlässt, tauchen auf, sodass Partner von Depressiven nicht selten selbst (professionelle) Unterstützung benötigen. Insgesamt wird die Beziehung zweier Menschen durch eine Depression auf eine harte Probe gestellt, und nicht immer übersteht sie diese (vgl. Hammen 1999, S. 52; Bischkopf 2005, S. 55ff).

Am stärksten sind die Auswirkungen von Depressionen wohl in einer Familie zu spüren. Auch hier tauchen die bereits genannten Probleme auf. Zudem aber hat die Depression eines Elternteils Einfluss auf die familiären Abläufe und Verteilung von Aufgaben, auf die Kommunikation untereinander, auf das gesamte familiäre Klima. Häufig sind Betroffene außerstande, familiäre Aufgaben im Haushalt oder in der Kindererziehung wahrzunehmen. So übernehmen zwangsläufig Partnerinnen oder Partner die Initiative für die Organisation und Koordinierung der familiären Abläufe. Durch den ungewissen Verlauf und die ungewisse Dauer von Depressionen stoßen aber auch Partnerinnen und Partner früher oder später an ihre Grenzen. Für die Zeit der Depression werden sie quasi zu Alleinerziehenden, die sich neben ihren ggf. beruflichen Anforderungen um das gesamte familiäre Geschehen kümmern und zusätzlich noch um einen mitunter schwer depressiven Menschen, der weder auf Trost, noch auf Zuspruch reagiert, mit dem kaum oder keine gemeinsamen Unternehmungen mehr möglich sind, von dem nichts außer depressive Negativität und Ablehnung zurückkommt. In solchen Zeiten sind Partnerinnen und Partner mehr als nur Doppelbelastungen ausgesetzt. Es ist daher verständlich, dass sie mitunter ungeduldig und aggressiv auf ihr depressives Gegenüber reagieren, was jedoch wiederum für dessen Genesung nicht von Vorteil ist (vgl. Hammen 1999, S. 50/52; Bischkopf 2005, S. 45ff).

Besonders betroffen sind die Kinder. Sie leiden am stärksten unter der fehlenden Zuneigung ihres depressiven Elternteils. Denn depressive Mütter oder Väter sind erheblich darin eingeschränkt, ihre Elternrolle auszuüben. Zwar möchten depressive Mütter und Väter in der Regel gute Eltern sein und leiden sehr unter ihren Schwierigkeiten, doch verfügen sie aufgrund der Depression nicht über die nötige Kraft, sich ihren Kindern gegenüber liebevoll, unterstützend und aufmerksam zu verhalten. Auch hier steht also ein abweisendes, distanziertes Verhalten im Vordergrund. Dies ist sicher auch ein Grund für das erhöhte Depressionsrisiko von Kindern depressiver Eltern. Besonders brisant ist die Situation von Kindern alleinerziehender Mütter oder Väter, wenn diese unter Depressionen leiden (vgl. Hammen 1999, S. 51f; Bischkopf 2005, S. 63).

Auch außerhalb des Familienlebens bleiben Depressionen nicht folgenlos. Andere empfinden den Umgang mit einem depressiven Menschen häufig als unangenehm und reagieren entsprechend reserviert oder gar ablehnend. Schamgefühle und Angst vor Unverständnis können zu einem sozialen Rückzug der gesamten Familie führen. Eine Depression schränkt also nicht nur die Kontaktmöglichkeiten des depressiven Menschen selbst ein, sondern auch die Kontaktmöglichkeiten der gesamten Familie (vgl. Hammen 1999, S. 151).

Die Belastung der Angehörigen steigt natürlich enorm an, wenn zusätzlich zu der depressiven Symptomatik auch Suizidgedanken geäußert werden. Dies löst bei Angehörigen zusätzliche Gefühle von Angst, Ruhelosigkeit, Anspannung, Ohnmacht und Hilflosigkeit aus. Mitunter fühlen sie sich ihrem depressiven Gegenüber hilflos ausgeliefert, schwankend zwischen Mitleid und Empörung (vgl. Bischkopf 2005, S. 68f).

Auch existentielle Ängste über die Zukunft einer Familie und ihre finanzielle Absicherung werden erlebt, vor allem wenn es der berufstätige, verdienende Elternteil ist, der unter Depressionen leidet. Angesichts der instabilen Arbeitsmarktsituation erleben Partnerinnen und Partner und auch Betroffene selbst diese Situation als sehr bedrohlich (vgl. Bischkopf 2005, S. 51).

Im beruflichen Bereich sind lange oder häufige Arbeitsausfälle und Leistungseinbußen die Folge. Letztlich kann damit auch der Arbeitsplatz auf dem Spiel stehen. Da Betroffene aber (außerhalb der schweren Krankheitsphasen) in aller Regel sehr zuverlässige, korrekte und leistungsorientierte Menschen sind, sind sie meist beliebte Arbeitnehmer. Oft werden depressive Menschen jedoch überfordert, weil sie nicht „Nein" sagen können oder wollen. Es fällt daher nicht schwer, depressive Menschen auszunutzen, wenn das auch nicht bewusst geschieht, so treffen sich hier die Anforderungen des Arbeitgebers mit der depressiven Struktur des Arbeitnehmers. Im Falle einer akuten Depression kann es vorkommen, dass der Betroffene aufgrund seiner Selbstwertproblematik um eine Versetzung von seinem bisherigen Arbeitsplatz, um eine Rückstufung seiner Kompetenz und vielleicht sogar seines Gehaltes bittet, weil er davon überzeugt ist, ein Versager zu sein und sich als minderwertig und leistungsunfähig empfindet. Wichtige Entscheidungen hinsichtlich beruflicher Veränderungen sollten aber auf keinen Fall in einer Zeit getroffen werden, in der Hoffnungs- und Perspektivlosigkeit, Versagens- und Schuldgefühle die Einschätzungen der eigenen Leistungsfähigkeit bestimmen. Wer wiederkehrend oder chronisch depressiv ist oder in einer manisch-depressiven Phase auffällig wurde, sollte sich je nach Beziehung zur Personal- oder Betriebschefin oder in größeren Betrieben zur Betriebsärztin um einen offenen Austausch bemühen. Solche Gespräche sollten gut vorbereitet sein und ggf. in Begleitung eines Angehörigen oder einer Sozialarbeiterin erfolgen (vgl. Wolfersdorf 2002, S. 118f).

Dies sind bei weitem noch nicht alle psychosozialen Folgen, die Depressionen nach sich ziehen. Fest steht jedoch, dass nicht nur die Betroffenen selbst, sondern ihr gesamtes soziales Umfeld ebenfalls in Mitleidenschaft gezogen wird, und zwar in einer Weise, dass sie ebenfalls Unterstützung in dieser Lebenssituation benötigen.

2.10 Inneres Erleben

Es ist nicht leicht, depressives Erleben in Worte zu fassen. Aufgrund der Komplexität des Erlebens fällt dies auch Betroffenen selbst sehr schwer. Hinzu kommt, dass jeder betroffene Mensch eine Depression aufgrund der Symptomvielfalt auf individuelle Weise erlebt (vgl. Hell 2007, S. 34). Folgende Ausführungen können deshalb nur als ein möglicher Einblick in depressives Erleben verstanden werden.

Schwer depressive Menschen fühlen sich mitunter, als hätte sich ein bleierner Mantel über Körper und Seele gelegt, als würde eine Zentnerlast sie niederdrücken oder als ob ihnen der Boden unter den Füßen weggerissen würde, als habe sich ihnen ein alles verschlingender Abgrund geöffnet. Das eigene Leben, ob Vergangenheit, Gegenwart oder Zukunft erscheint düster und dunkel. Der Besuch einer guten Freundin oder positive Nachrichten irgendeiner Art können dieses Erleben nicht einmal vorübergehend erleichtern oder aufhellen. Ein Gefühl, mit der Welt, mit anderen Menschen über unsichtbare Schwingungen in einer warmen Beziehung zu stehen, verbunden zu sein, ist aus dem Leben völlig verschwunden. Die Unfähigkeit, irgendeine Form von Freude oder Interesse an irgend etwas oder irgendjemandem empfinden zu können, kann sich bis zur inneren Versteinerung, dem Gefühl inneren Abgestorbenseins steigern. Diese innere Gefühllosigkeit, Empfindungslosigkeit, ist leblose Leere, ist Stillstand und damit das Gegenteil von dem, was das menschliche Leben lebenswert macht – die Lebendigkeit. Für den schwer depressiven Menschen hat die ganze Welt ihre Attraktivität verloren, sie scheint bedeutungslos, das ganze Leben scheint bedeutungslos und alle Fäden, die einen Menschen in positiver Weise mit der Außenwelt verbinden, scheinen zerschnitten (vgl. Hegerl/Althaus/Reiners 2006, S. 17f).

Schwere Depressionen gehen mit der Erfahrung eines allumfassenden „Getrenntseins" vom Leben und von anderen Menschen einher. Nichts macht Betroffenen die schmerzliche Einsamkeit deutlicher als eine Umwelt, die voller Lebendigkeit, Heiterkeit und Freude ist. Heitere Feste, überquellende Lebensfreude, schöpferische Einfälle, große Schaffenskraft, sprießende Natur, heller Sonnenschein: all das reißt einen depressiven Menschen nicht mit, sondern macht ihm durch den starken Kontrast zu seinem inneren Erleben schmerzlich deutlich, wie weit entfernt er von all dem ist, wie einsam und abgeschnitten, wie getrennt er von seiner Umwelt ist. Gerade hier erfährt er, wie unmöglich es ihm ist, am Leben teilzuhaben. Wird er mit einem Leben in voller Pracht konfrontiert, verstärkt dies sein Gefühl der inneren Leere. Umgeben von einer lustigen Gesellschaft, womöglich noch an einem schönen warmen Sommertag, fühlt er sich unerträglich einsam, isoliert und unverstanden (vgl. Hell 2007, S. 56; Wolfersdorf 2001, S. 33/37).

Verstärkt wird das Erleben des Getrenntseins, des Alleinseins, wenn zusätzlich Phänomene wie Depersonalisation und Derealisation auftreten. Ersteres meint z. B., dass eine betroffene Person sich innerlich - gegenüber eigentlich nahen, vertrauten Menschen, trotz deren unmittelbarer Gegenwart - Milliarden Kilometer entfernt erlebt. Häufig erleben Betroffene Gefühle von Entfremdung und Losgelöstsein vom eigenen Denken, vom Körper, von der umgebenden Welt. Sie nehmen sich selbst, z. B. die eigene Stimme, als unwirklich wahr und haben das Gefühl, in einem Schauspiel mitzuspielen. Bei der Derealisation wird die Umgebung als unwirklich erlebt, wie in einem Traum, die Natur erscheint künstlich, wie gemalt, ohne Leben, Bäume wie aus Plastik, ein Sonnenuntergang ohne jede Berührung, ehemals vertraute Gegenden erscheinen unecht oder gar wie tot, wie eine Welt, die nicht wirklich ist oder wie eine Bühne, auf der alles nur gespielt wird. Diese veränderte Wahrnehmung wird meist als sehr unangenehm und beängstigend erlebt (vgl. Scharfetter 2002, S. 84ff/199).

Der Zugang zu positiven Empfindungen ist während einer Depression wie versperrt. Hingegen sind negative Gefühle wie tiefe Wert- und Hoffnungslosigkeit, Angst und Schuld durchaus wahrnehmbar und wie sich im Folgenden zeigen wird, werden diese Gefühle auf sehr absolute Weise erlebt.

Die Hoffnungslosigkeit ist ein hartnäckiger Begleiter jeder Depression. Es gibt keine schwer depressiven Menschen, die hoffnungsfroh in die Zukunft blicken. Die Situation erscheint immer wieder aussichtslos, als würde es niemals mehr anders sein können. Aus der düsteren depressiven Perspektive sieht es sogar für manche so aus, als sei es nie anders gewesen. Alle nur denkbaren Probleme werden als unlösbar erlebt. Es hat auch gar keinen Zweck zu versuchen, etwas an der misslichen Lage zu verändern, da es ohnehin zum Scheitern verurteilt wäre. Gutes Zureden und Ermutigen wird nur mit Widerstand aufgenommen. Betroffene sind überzeugt, dass es bei ihnen nicht mehr besser werden kann und dass ausgerechnet ihre Depression so schwer ist, dass sie nicht heilbar ist. Diese tiefe Verzweiflung, die Unerträglichkeit der Situation und das Gefühl der völligen Ausweglosigkeit lassen häufig den Wunsch aufkommen, einzuschlafen und nie wieder aufzuwachen, lieber tot zu sein (vgl. Hegerl/Althaus/Reiners 2006, S. 21f; Müller-Rörich/Hass/Margue/van den Broek/Wagner 2007, S. 21; Hell 2007, S. 61; Hammen 1999, S. 11).

Auch Ängste jeglicher Art gehören zur Depression. Dabei können Betroffene oft gar nicht genau sagen, wovor sie Angst haben. Alles ist angstbesetzt. Alle anderen Phänomene der Depression verblassen gegenüber der Angst. Am häufigsten ist die globale Angst vor all dem, was auf den betroffenen Menschen zukommt. Selbst kleine Dinge erscheinen wie ein unüberwindbarer riesiger Berg. Von dieser Angst werden Betroffene gleich morgens beim Aufwachen überfallen, wenn sie an Verpflichtungen, an den Tag oder an die Zukunft denken. Auch konkretere Ängste tauchen auf wie Versagensangst, die Angst nicht gemocht, nicht verstanden, nicht akzeptiert zu werden, verlassen zu werden, nicht lebensfähig zu sein. Selbst Panikattacken, also Anfälle von heftiger Angst mit entsprechenden körperlichen Reaktionen, einschließlich Todesangst, Engegefühl, Herzrasen usw., die aus heiterem Himmel und ohne erkennbaren Anlass kommen, treten bei depressiven Menschen so häufig auf, dass manche Experten sich fragen, ob es überhaupt Sinn macht, bei Depressionen von einer zusätzlichen Panikstörung zu sprechen. Die quälendste Angst von depressiven Menschen ist jedoch nicht die Todesangst, sondern die Angst vor dem Leben (vgl. Wolfersdorf 2002, S. 19; Wolfersdorf 2001, S. 42; Hegerl/Althaus/Reiners 2006, S. 45).

Entscheidungen zu treffen, wird für depressive Menschen oft zu einer Anforderung, die nicht zu erfüllen ist. Selbst Kleinigkeiten, ob der Gang zum Supermarkt bald oder erst später sinnvoll ist, können langes Grübeln, Abwägen und Hin- und Hergerissensein auslösen. Das Ausdiskutieren von Wenn und Aber, das Mitbedenken aller Folgen und Folgeschäden einer möglicherweise falschen Entscheidung können sich endlos ausweiten. Einfach ja oder nein zu sagen, auch mit dem Risiko, vielleicht nicht optimal entschieden zu haben, ist depressiven Menschen nicht möglich, da die Angst vor einem Fehler, vor einem Versagen oder vor Schuld sie daran hindert (vgl. Niklewski/Ricke-Niklewski 2007, S. 35).

Als besonders quälend werden auch die Schlafstörungen und die Grübelzustände erlebt. Stundenlanges nächtliches Wachliegen, der Körper erschöpft, der Geist ruhelos und ein Verstand, der Betroffenen in unablässiger Folge einen belastenden Gedanken nach dem nächsten präsentiert. Diese Gedanken kreisen endlos um Fehler, die Betroffene angeblich früher gemacht haben, um falsche Entscheidungen, die angeblich getroffen wurden, um Schuld, die sie auf sich geladen haben, um Schuld an ihrem eigenen Zustand, um Zukunftsängste, Versagensängste, um Minderwertigkeit, nichts wert zu sein, überflüssig zu sein, zu nichts nutze zu sein, ein einziger Fehler zu sein. Diese quälenden Grübelzustände werden erlebt wie ein tretmühlenhaftes Verharren und Gefangensein in immer den gleichen Spuren, besonders nachts, aber auch tagsüber, wenn äußere Ablenkungs- und Entlastungsmöglichkeiten fehlen. Dass auch hier der Wunsch nach Ruhe, nach Pause, nach Unterbrechung eines gequälten Lebens naheliegt, ist offensichtlich (vgl. Hegerl/Althaus/Reiners 2006, S. 20f; Wolfersdorf 2002, S. 22f; Wolfersdorf 2001, S. 46).

Das Denken kann auch völlig blockiert sein, sodass die Konzentration von Betroffenen z. B. für zusammenhängende oder längere Gespräche nicht mehr ausreicht. Sie können sich nur schwer erinnern, was sie gerade gesagt haben. Diese Denkhemmung kann in schweren Fällen so ausgeprägt sein, dass die Betroffenen Angst haben zu verdummen. Sie verzweifeln daran, dass sie auch zum Denken nicht mehr fähig sind und empfinden eine ausgeprägte Hohlheit oder Leere im Kopf (vgl. Niklewski/Ricke-Niklewski 2007, S. 34).

Es verwundert nicht, dass all dies mit einem Gefühl tiefer Erschöpfung und Kraftlosigkeit einhergeht. Die Kraft- und Antriebslosigkeit, die sich wie ein Bleimantel auf den Betroffenen legt, lässt schon das morgendliche Aufstehen zur Tortur werden. Jede Bewegung, jede Anforderung trifft auf einen inneren Widerstand und kann zu einer unverhältnismäßigen Anstrengung werden. Infolge dieses Mangels bzw. Verlustes von Lebensenergie stellt sich bei Betroffenen ein andauerndes Gefühl der Überforderung ein. Die Kraft auch zu den einfachsten Alltagsaktivitäten bis hin zur Körperpflege ist abhanden gekommen. Selbst das Sprechen kann betroffen sein, sodass es schwerfällig und verlangsamt wirkt. Es kann lange dauern, bis eine Frage beantwortet wird. Betroffene scheinen sich erst besinnen zu müssen, bis sie eine Antwort formulieren können, und dies erfordert sichtlich Anstrengung (vgl. Hegerl/Althaus/Reiners 2006, S. 23).

Aber auch das Gegenteil kann sich zeigen, sodass Betroffene von einer inneren Unruhe getrieben sind, die es schwer macht, sinnvoll und zielgerichtet zu handeln. Eine innere Unruhe, die Aufgeregtheit, Rastlosigkeit und Schreckhaftigkeit erzeugt. Den betroffenen Menschen hält oft nichts auf dem Stuhl. Immer wieder muss er aufstehen und herumlaufen. Manchmal und in schwerer Ausprägung händeringend und um Hilfe oder Erlösung bittend. Er steht unter einem inneren Strom, der sich nicht abschalten lässt, und er findet keine Ruhe. In manchen Fällen erleben Betroffene den Strom nur innerlich und nach außen zeigt sich die zuvor beschriebene Antriebslosigkeit. In beiden Fällen werden laute Geräusche oder grelles Licht aufgrund einer Übersensibilität der sinnlichen Wahrnehmung als unerträglich empfunden. Angespannt bis zum Zerreißen, aber trotzdem müde und erschöpft, wird dieser Zustand als besonders quälend erlebt (vgl. Niklewski/Ricke-Niklewski 2007, S. 33; Hegerl/Althaus/Reiners 2006, S. 24).

Um Suizidgedanken zu entwickeln, bedarf es keiner schweren Depression, auch leichtere Formen können bereits zur Entwicklung von Suizidalität führen. Dass aber nahezu jeder Mensch, der eine schwere Depression erlebt, Suizidgedanken oder - vorstellungen kennt, ist nachvollziehbar. Sie sind Ausdruck eines ungeheuren Ausmaßes subjektiver Belastung. Die bedrückenden Lebensumstände und Krankheitssymptome, deren Auswirkungen auf das Zusammenleben mit anderen Menschen, auf Familie und Beruf, überfordern Betroffene maßlos. Menschen, die derart an ihrer Belastungsgrenze angekommen sind, sind sehr dünnhäutig und sensibel. Jede noch so kleine Anforderung, jedes noch so unbedeutende Ereignis, jede noch so unwichtige Äußerung einer anderen Person kann sich binnen kürzester Zeit zu einer lebensbedrohlichen Krise ausweiten. Das Leben kann als eine schier endlose Aneinanderreihung schwierigster, heftigster und unüberwindbarer Krisen erlebt werden. Da gleicht der Gedanke an den Tod eher einer willkommenen Erleichterung, um dieses Elend nicht länger ertragen zu müssen (vgl. Müller-Rörich/Hass/Margue/van den Broek/Wagner 2007, S. 37).

2.11 Behandlungs- und Bewältigungsmöglichkeiten

Wie bereits erwähnt, besteht Behandlungsbedarf spätestens ab dem Zeitpunkt, wenn Beeinträchtigungen nicht mehr von dem depressiven Menschen selbst oder von seinem engsten Bekannten- und Familienkreis bewältigt werden können.

Grundsätzlich aber wird Betroffenen und Angehörigen empfohlen, sich frühzeitig Hilfe und Unterstützung zu holen durch z. B. Hausärzte, Fachärzte (aus den Bereichen Psychiatrie, Neurologie, Nervenheilkunde), Beratungsstellen, Selbsthilfegruppen, Depressionsforen im Internet oder durch eigenes Informieren über Bücher (vgl. Hautzinger 2006, S. 46/65f).

Die Behandlung von Depressionen beruht auf verschiedenen Therapiemöglichkeiten, die in der Regel sowohl ambulant als auch stationär angeboten werden, wie Psychotherapie, soziotherapeutische Korrekturen und Unterstützungsmaßnahmen, physiotherapeutische Hilfen, spezielle antidepressive Behandlungsverfahren und antidepressive Arzneimittel. Diese verschiedenen Möglichkeiten müssen nicht alle und nicht gleichzeitig zum Einsatz kommen (vgl. Wolfersdorf 2002, S. 72).

Psychotherapie ist eine Behandlung mit psychologischen Mitteln. Sie erstreckt sich von der Zuwendung und dem unterstützenden Gespräch bis hin zu spezifischen z. B. verhaltenstherapeutischen oder tiefenpsychologischen Behandlungsmöglichkeiten (vgl. Wolfersdorf 2002, S. 99).

Soziotherapie versucht stützend, klärend oder umorientierend auf psychosoziale Belastungen einzugehen, z. B. in Partnerschaft, Familie, Nachbarschaft, Beruf. Dies ist vor allem Aufgabe der Sozialarbeit. Ansätze sind z. B. Zusammenarbeit mit Selbsthilfegruppen, Angehörigenarbeit, Tagesstrukturierung. Besonders wichtig für das soziale Umfeld sind Hinweise auf mögliche Irrtümer und Fehlerquellen im Umgang mit depressiven Menschen (vgl. Wolfersdorf 2002, S. 72).

Physiotherapie versucht zu kräftigen, zu aktivieren, aber auch zu lockern und zu entspannen: Massage, Kneipp'sche Anwendungen, medizinische Bäder mit speziellen Zusätzen, Bewegungstherapie, Schwimmen, Laufen, Radfahren, Musik-Rhythmus-Tanz usw., außerdem Entspannungsübungen wie Autogenes Training, Yoga, gezielte Übungen zur Muskelentspannung und Atemübungen (vgl. Faust o. J., S. 2).

Spezielle Depressionsbehandlungen sind z. B. der Schlafentzug, Lichttherapie sowie Elektrokrampftherapie. Sie werden in der Regel bei bestimmten Formen von Depressionen meist in einer Fachklinik angewendet (vgl. Müller-Rörich/ Hass/Margue/van den Broek/Wagner 2007, S. 126f/129).

Pharmakotherapie ist die Behandlung mit spezifischen Arzneimitteln, in der Regel Psychopharmaka. Das sind zum einen synthetische Antidepressiva, die - im Gegensatz zu Beruhigungs-, Schlaf- und Schmerzmitteln - eine wirklich antidepressive Wirkung haben. Ein Kompromiss für leichtere depressive Zustände sind Pflanzenmittel, wobei eine antidepressive Wirkung hier nur für Johanniskraut bewiesen ist. Zum anderen werden heute immer häufiger rückfallverhütende Arzneimittel sogenannte Phasen- oder Rezidivprophylaktika eingesetzt, die erneute depressive Episoden verhüten sollen (vgl. Wolfersdorf 2002, S. 73; Faust o. J., S. 2).

Zudem werden im Rahmen einer stationären Behandlung in einer psychiatrischen Abteilung, einer Klinik oder einer spezifischen Depressionsstation auch noch ergänzende Therapieformen wie z. B. Ergotherapie, Kunst- und Maltherapie usw. angeboten (vgl. Wolfersdorf 2002, S. 72).

Empfohlen wird meist eine Behandlung in Ergänzung von Psychopharmaka und Psychotherapie. Hierbei handelt es sich um zwei unterschiedliche Ansätze. Eine medikamentöse Behandlung betont die biologische Seite einer Depression, die mit Hilfe von Psychopharmaka behandelt wird. Ziel ist hier vor allem die Linderung der Symptome sowie eine medikamentöse Rückfallprophylaxe. Psychotherapie hingegen beinhaltet die Einsicht, dass einer Depression bestimmte Gründe im Denken, im Verhalten, in der Lebenssituation und in der Lebensgeschichte zugrunde liegen. Hier geht es um die Aufarbeitung von aktuellen kränkenden Ereignissen, von ungeheilten seelischen Wunden, Kindheitstraumata, um Selbstreflexion und um das Erlernen neuer Sicht-, Denk-, und Verhaltensweisen (vgl. Wolfersdorf 2002, S. 73/86/107ff).

Dauerhafte medikamentöse Therapie wird mitunter aber auch kritisch eingeschätzt.

Medikamentöse Therapie kann akute Symptome lindern und Erleichterung verschaffen, aber heilen kann sie nicht. Auf Dauer ist den Betroffenen damit – abgesehen von den schweren bipolaren Störungen - noch nicht wirklich geholfen (vgl. Nuber 2007, S. 109). Der eigentliche Konflikt, so Ehrenberg, wird durch die Medikamente auf Distanz gehalten und macht somit einen Bezug auf diesen unsinnig. Im Gegenzug zeigen sich Depressionen als eine fortgesetzte oder wiederkehrende Dysfunktion, die mehr oder weniger gut durch Medikamente zu kompensieren ist (vgl. Ehrenberg 2006, S. 134).

Psychotherapie hingegen kann bei depressiven Menschen auch auf längere Sicht gute Erfolge erzielen. Sie hat aufgrund der Aufarbeitung von Konflikten, Verletzungen etc. eine stärkere Langzeitwirkung. Die Anzahl wiederholter Depressionen ist hier geringer (vgl. Nuber 2007, S. 13).

Bei schweren Depressionen ist es meist empfehlenswert, mit biologischen Interventionen zu beginnen, da eine psychologische Einflussnahme an der depressiven Erstarrung abprallen kann. Bei leichten, mittelschweren und abklingenden Depressionen sollten gezielte psychotherapeutische Maßnahmen im Vordergrund stehen. Insgesamt aber sollen sich biologische, psychotherapeutische und soziale Hilfestellungen sowie Selbsthilfemaßnahmen nicht gegenseitig ausschließen. Vielmehr sollen sie sich dadurch, dass sie auf verschiedene Ebenen einwirken, gegenseitig ergänzen (vgl. Hell 2006, S. 206f).

Was aber können Betroffene selbst tun? Zunächst einmal sei darauf hingewiesen, dass Menschen, die schwere depressive Episoden erleben, wohl kaum eine Möglichkeit haben, sich selbst ohne Hilfe und Unterstützung von außen daraus zu befreien. Auch leichte Formen von Depressionen können die Betroffenen zeitweilig vollständig lähmen. Da es ein Merkmal der Depression ist, sich zu nichts mehr in der Lage zu fühlen, bezieht sich Selbsthilfe immer auf die Zeiträume, in denen Betroffene nicht völlig von Düsternis ergriffen sind. Selbst bei schweren Depressionen tauchen Augenblicke auf, in denen „etwas geht". Solche Momente bieten eine Chance, den eigenen Heilungsprozess zu unterstützen. Heute ist bekannt, dass auch in psychisch schwer kranken Menschen noch Selbstheilungskräfte schlummern, die, wenn sie geweckt werden, eine psychotherapeutische und medikamentöse Behandlung erheblich unterstützen können (vgl. Nuber 2007, S. 131/148).

Für die Betroffenen, die sich aufgrund einer leichten, mittleren oder abklingenden Depression in der Lage fühlen oder sich überwinden können, etwas für sich zu tun, gibt es verschiedene hilfreiche Möglichkeiten. Vieles von dem, was auch nichtdepressiven Menschen gut tut, kann den Heilungsprozess unterstützen. Als hilfreich gelten z. B.:

- Günstige und förderliche Schlafgewohnheiten: Der Schlaf sollte bezogen auf einen Tag nicht mehr als sieben Stunden betragen. Mittagsschlaf sollte vermieden werden. Es ist förderlich, zu einer festen Zeit ins Bett zu gehen und dann sieben Stunden später aufzustehen. Diese Schlafbegrenzung erhöht die Schlaftiefe und damit den Erholungswert des Schlafs.
- Entspannungsübungen: Sie helfen dabei, Grübeln, Stress und Druck abzubauen. Das können ganz einfache Übungen sein, wie bewusstes Atmen durch die Nase, das bei einem konzentrierten langsamen Ausatmen in Gedanken

von einem zweisilbigen Wort wie z. B. „Ruhe" begleitet wird und beliebig wiederholt werden kann. Das können auch Übungen aus dem Bereich Yoga, Muskelentspannung oder Autogenes Training sein. Als besonders hilfreich gilt ein täglicher Spaziergang bei Tageslicht in der Natur, der nachweisbar wohltuendsten Umgebung, insbesondere in einem Wald - dem „großen stillen Therapeuten".

- Regelmäßige körperliche Aktivität: Sporttreibende fühlen sich nach ihrer Aktivität wohler, ruhiger und zugleich auch dynamischer. Die Stimmung ist gehoben, Erregungszustände lassen nach, Ärger, Kummer und Frustration gehen zurück. Dies gilt nicht nur für gesunde Menschen. Regelmäßige körperliche Aktivität (Schwimmen, Radfahren, Wandern usw.) besitzt eine nachweislich antidepressive, angstlösende und entspannende Wirkung.
- Achten auf Ernährung: Nach 17 Uhr sollten koffeinhaltige Getränke gemieden werden. Ballaststoffreiche Kost mit viel Obst und Gemüse steigern das körperliche Wohlbefinden. Gerade weil Depressionen häufig mit Appetitstörungen einhergehen, ist es wichtig, auf eine möglichst ausgewogene Ernährung zu achten.
- Angenehme Tätigkeiten: Eine Balance zwischen Pflichten und angenehmen Tätigkeiten, zwischen Aktivität und Pause ist sehr hilfreich. Vor allem sollten die Abende von angenehmen, ruhigen, entspannenden Aktivitäten bestimmt werden.
- Anerkennen und Akzeptieren der Depression: Eine Depression hat nichts mit Wehleidigkeit oder Charakterschwäche zu tun, sondern ist ein Krankheitszustand, der nach Heilung sucht. Erst das Annehmen der Depression bereitet den Boden für diesen Heilungsprozess.
- Vermeiden von Überforderung, Stress und zu hohen Erwartungen: Die Genesung braucht Zeit. Durch das Setzen kleiner Ziele können Enttäuschungen vermieden und Erfolgserlebnisse ermöglicht werden.
- Pausen und Ruhe: Auch das Bedürfnis nach Ruhe, nach Zeit für sich selbst braucht Raum. Es ist wichtig, das Gefühl der Überforderung ernstzunehmen.
- Kommunikation: Gespräche oder Zusammensein mit verständnisvollen Menschen haben eine sehr unterstützende und heilsame Wirkung.
- Hilfe und Unterstützung holen: z. B. durch kompetente Hilfe in Form von Psychotherapie, um sich über die eigene Lebenssituation klar zu werden und die Ursachen der Depression zu erforschen. Auch das Informieren über Depressionen kann sehr hilfreich sein. Wissen macht den Umgang mit der eigenen Depression leichter und verringert den Eindruck, ganz allein damit zu

sein (vgl. Hautzinger 2006, S. 59ff; Müller-Rörich/Hass/Margue/van den Broek/Wagner 2007, S. 299).

Depressive Menschen glauben häufig, dass sie mit niemandem über ihre Situation sprechen können. Experten empfehlen den Betroffenen jedoch zu reden, auch wenn es schwerfällt. Dafür sollten Personen ausgesucht werden, welche die Sorgen des betroffenen Menschen richtig einschätzen und ertragen können. Für Betroffene, vor allem aber für jene, die keinen geeigneten Gesprächspartner in ihrer Umgebung finden, können Selbsthilfegruppen eine wertvolle Hilfe sein (vgl. Nuber 2007, S. 146f). Das Zitat einer depressiven Frau lässt durchklingen, wie hilfreich es sein kann, in einer solchen Gruppe zu sein und sich verstanden zu fühlen: „Einmal in der Woche so sein zu können, wie mir zumute ist – und mich nicht der Familie zuliebe anstrengen zu müssen“ (zit. n. Wolfersdorf 2002, S. 131).

Geduld mit sich selbst zu haben, sich Zeit für die Heilung zu nehmen, ist eine der wichtigsten Anforderungen für depressive Menschen, die gleichzeitig auch sehr schwer umzusetzen ist. Nichts jedoch erschwert den Heilungsverlauf mehr als Ungeduld oder vorzeitige Resignation. Einige Betroffene erholen sich innerhalb von vier Wochen bereits gut, bei anderen dauert der Heilungsprozess mehrere Monate oder auch mal ein bis zwei Jahre. Schnellere Heilungsverläufe sind möglich, aber nicht immer zu erwarten (vgl. Wolfersdorf 2002, S. 114f).

Depressive Menschen haben oft kein Empfinden dafür, sich selbst etwas Gutes zu tun. Jedoch hat jeder behutsame, liebevolle und geduldige Umgang mit sich selbst, jede kleine liebevolle Geste z. B. in Form einer Tasse Tee, eines heißen Kakaos oder einer Tütensuppe bereits eine heilsame Wirkung, selbst wenn diese nicht immer sogleich wahrzunehmen ist (vgl. Müller-Rörich/Hass/Margue/van den Broek/Wagner 2007, S. 300).

Was Angehörige tun können, um unterstützend zu wirken, darauf wird später noch eingegangen.

2.12 Machen Depressionen Sinn?

Auf den ersten Blick mag es befremdlich und für Betroffene provokant oder gar zynisch erscheinen, überhaupt die Frage nach dem Sinn einer Depression, nach dem Sinn eines solchen Leidens zu stellen. Wozu sollte ein Zustand, der so quälend ist, der so leidvoll ist, sinnvoll sein? Diese Frage liegt nahe. Letztlich aber kommen die betroffenen Menschen nicht darum herum, das depressive Geschehen in ihr Leben einzuordnen. So beschäftigen sich viele nach einer durchlebten Depression mit der Frage, welche Bedeutung sie diesem Leiden geben sollen und suchen nach Hinweisen, was sie daraus lernen können. Selbst wenn das Erlebte als sinnlos eingeschätzt wird, steht dahinter die unvermeidbare Frage danach, welchen Sinn das Geschehen mache. Es ist ein menschliches Bedürfnis nach größeren Zusammenhängen zu suchen. „Etwas macht Sinn" bedeutet einerseits, ein Geschehen in ein größeres Ganzes einordnen zu können, und andererseits die Zusammenhänge zu verstehen. So kann auch ein depressiver Zustand Sinn machen, wenn die Zusammenhänge verstanden werden (vgl. Hell 2007, S. 143f).

Hell geht aufgrund der hohen Rate von Depressionen (die leichten und mittleren Formen mit einbezogen) davon aus, dass es sich beim depressiven Geschehen um ein biosoziales Reaktionsmuster handelt, das den meisten Menschen in der Not zur Verfügung steht. Er sieht darin ein Reaktionsmuster, das Menschen in nicht zu bewältigenden Belastungssituationen zu einem Halt zwingt und somit das Risiko eines aussichtslosen Kampfes, einer ziellosen Flucht oder von Desintegration herabsetzt. Folgende Beispiele führt er dafür an: Steht ein Mensch einem übermächtigen Gegner gegenüber, der keine Ausflucht duldet, würde ein offener Angriff den Untergang bedeuten. Bloßes Verharren kann hier die bestmögliche Lösung sein. Eine andere schwierige Situation wäre z. B., wenn Lebensziele verfehlt werden. Ein Mensch, der in seiner Ehe, seiner Familie oder in seinem Beruf vor einem Scherbenhaufen steht, der kann nicht einfach loslassen, was er als seine Lebensaufgabe betrachtet hat. Als letzter Ausweg aus einer verzweifelten Situation erscheint die depressive Reaktionsweise dann zwar als schmerzhafter, aber schützender Abwehrversuch (vgl. Hell 2007, S. 13/30/177).

Auch Jost geht davon aus, dass reaktive Depressionen als Ausdruck einer Schutzfunktion der Seele verstanden werden können, als eine Art „Totstellreflex", der vor weiterer Überlastung schützt (vgl. Jost 2006, S. 42).

Für den Psychiater Battegay, der die Depression maßgeblich als eine Störung des Selbstwertgefühls sieht, sind Angst, Panik und Depression drei zunehmend einschneidende Mechanismen, um auf existenzielle Bedrohung zu reagieren. Aus seiner Sicht tritt die Depression als letzte Maßnahme auf, wenn andere Abwehrmöglichkeiten nicht mehr zur Verfügung stehen. Vereinfacht ausgedrückt heißt das: Angst tritt als Reaktion auf entfernte Gefahr auf, eine Abwehr ist möglich; Panik tritt als Reaktion auf eine als unmittelbar direkt erlebte Gefahr auf, eine Abwehr ist in Frage gestellt; Depression tritt bei bereits eingetretenem Verlust mit anhaltender Bedrohung auf, eine Abwehr scheint unmöglich (vgl. Battegay 1991, S. 134f).

Selbst schwerste Krankheitszustände können, so Hell, eine Art Schutzwall gegenüber der Bitternis der Welt bilden. Bei einem seiner Patienten hatte er miterlebt, dass dieser den tragischen Tod seines Sohnes durch einen Unfall erst dann emotional zur Kenntnis nehmen konnte, als sich seine Depression wieder aufzuhellen begann. Während der Depression legte sich die Erstarrung wie ein Schutzpanzer um diesen Mann und bewahrte ihn vor einer möglichen emotionalen Kurzschlusshandlung, die bei ihm früher mehrfach vorgekommen war (vgl. Hell 2007, S. 176).

In unkomplizierten Fällen, so Hell, ist der Ablauf des depressiven Reaktionsmusters so charakteristisch, dass er einem selbstregulierenden Prozess gleicht, der je nach Schweregrad der Blockierung in leichte, mittelschwere und schwere Stadien eingeteilt werden kann. Nach einer Alarmphase verstärkt sich die erstarrende Schwere zunächst. Nach einer kürzeren oder längeren Phase (von einigen Tagen oder mehreren Wochen) klingt die depressive Reaktion wieder ab, sodass dann wieder Trauer möglich wird (vgl. Hell 2007, S. 203).

Allerdings sieht Hell in diesem Reaktionsmuster auch erhebliche Gefahren. Wenn der depressive Schutzversuch misslingt, kann er bei Betroffenen zu Suizidalität führen. Unter ungünstigen biologischen, sozialen oder psychologischen Umständen kann er auch zu einer depressiven Entwicklung führen, die im Extremfall chronisch wird. Zudem können häufige Wiederholungen das Auftreten weiterer Depressionen erhöhen. In extremer Behinderung oder anhaltender Verzweiflung sieht Hell Hinweise dafür, dass sich die depressive Reaktionsweise verselbstständigt hat und zu einer behandlungsbedürftigen Störung geworden ist (vgl. Hell 2007, S. 176/199).

Solange eine Depression aber ausschließlich als ein krankhaftes Geschehen, als eine Störung betrachtet wird, die keinen Sinn macht, solange werden Betroffene, Angehörige und Fachleute versuchen, sie wie einen Feind zu bekämpfen. Angst, Trauer und Erschöpfung beispielsweise verschwinden nicht durch eine massive Abwehr. Ganz im Gegenteil: Solche Gefühlszustände scheinen bei jenen Menschen sogar übermäßig groß zu werden, die sie mit allen Mitteln zu verhindern suchen. Und so ist es auch bei Depressionen wenig hilfreich, wenn das depressive Geschehen kämpferisch abgewehrt wird. Viele Betroffene machen die Erfahrung, dass sie umso mehr unter einer Depression leiden, je stärker sie sich gegen die depressive Blockade wehren. Und umgekehrt machen sie auch die Erfahrung, dass die depressive Not manchmal abnimmt, wenn sie ihr willentliches Aufbäumen, ihre innere Abwehr aufzugeben vermögen (vgl. Hell 2007, S. 201f).

So macht erst das Annehmen einer Depression einen adäquaten Umgang mit ihr möglich. Für den professionellen Umgang, so Hell, bedeutet dies, dass es sinnvoll ist, ein Vorgehen zu wählen, das die Depression nicht frontal angreift, sondern durch Beseitigung von Hindernissen aufzulösen sucht. Ein solches Vorgehen versucht, übermächtigen Depressionsentwicklungen entgegenzuwirken, indem das zugrundeliegende Reaktionsmuster als Bremsmanöver akzeptiert wird, aber die dabei auftretenden Komplikationen dieses Musters behandelt werden (vgl. Hell 2007, S. 201f).

Wird eine Depression also nicht nur als eine Fehlfunktion verstanden, sondern als eine grundsätzlich menschliche Möglichkeit, auf eine äußere oder innere Problematik zu reagieren, so bekommt sie ein neues Gesicht. Sie erscheint so nicht mehr nur als destruktiver, zweckloser Vorgang, sondern potenziell auch als zweckvolle Vorkehrung des Organismus, um Schlimmeres zu verhüten (vgl. Hell 2007, S. 19).

Eine solche Sichtweise verändert zudem auch die Haltung gegenüber depressiven Menschen. Die negative Haltung eines depressiven Menschen wird so weniger als persönliche Ablehnung verstanden, sondern vielmehr als ein reflexhafter Schutzmechanismus eines in Not geratenen Menschen. So kann dieses Leiden als ein Aufschrei verstanden werden, der auf die dahinterliegende Not aufmerksam zu machen versucht. Auch liegt so der Schluss nahe, dass sich die depressive Entfremdung nur durch geduldige Anteilnahme angehen lässt und nicht durch übermäßige emotionale Reaktionen (vgl. Hell 2007, S. 200f).

Auch Emmy Gut sieht einen Sinn in Depressionen. Sie unterscheidet zwischen „produktiven" und „unproduktiven" Depressionen. Sie sieht in der Depression eine vitale emotionale Anpassungsreaktion, die entweder nützlich oder schädlich sein kann. Von einer „produktiven" Depression spricht sie, wenn am Ende einer depressiven Phase nachweislich ein Lern- oder Reifungsprozess stattgefunden hat. Um aber eine depressive Phase zu einer produktiven werden zu lassen, sei „Depressionsarbeit" notwendig. Wo den Betroffenen eine produktive Depressionsarbeit nicht möglich sei, stünde die Gefahr einer unproduktiven Depression im Raum (vgl. Nuber 2007, S. 174/176).

Eine Depression, so Emmy Gut, zwinge zur Ruhe und gäbe damit die Möglichkeit, abzuwarten, was aus dem Unbewussten hochsteige. Allerdings könne ein depressiver Prozess nur dann produktiv verlaufen, wenn die Betroffenen allen Ablenkungs- und Verdrängungsangeboten entsagen würden (auch Medikamenten). Dies sei nicht einfach, da erwartet wird, dass jeder Mensch jeder Zeit funktioniert. Wer aber die Botschaft seiner Krankheit hören möchte, der sollte sich diesen Erwartungen entziehen. Was zur Genesung körperlicher Erkrankungen als selbstverständlich gilt, sollte ebenso für psychische Erkrankungen gelten: Rückzug und Ruhe. Um wirklich hören zu können, was „die Dame in Schwarz" mitteilen will, müssen geeignete Umstände geschaffen werden, die es ermöglichen, sich zu entspannen und unbewusst an dem ungelösten Rätsel zu arbeiten. Auf diese Weise treten Betroffene mit der „Dame in Schwarz" in einen Dialog mit dem Ziel, Verständnis für die depressive Reaktion zu entwickeln (vgl. Nuber 2007, S. 176f).

Nuber sieht noch einen weiteren - ganz anderen - Sinn in der Depression. Sie geht davon aus, dass depressive Menschen die Welt realistischer einschätzen als nichtdepressive. Sie würden sensibler auf Ungerechtigkeit und Lüge reagieren und könnten so eine Art Seismograph sein, der aufzeigt, dass etwas in der Gesellschaft nicht in Ordnung ist. Dass Depressive die Wirklichkeit realistischer einschätzen, zeigt eine Untersuchung der University of Pennsylvania, die folgendes Experiment durchführte: Eine Gruppe von Versuchspersonen (depressive und nichtdepressive) konnte selbstständig bestimmen, wann sie ein Licht ein- und ausschaltete. Eine andere Gruppe (wieder depressive und nichtdepressive) hatte keinerlei Kontrolle über das Licht. Mal ging es an, mal nicht. Alle Versuchspersonen sollten nun schätzen, wieviel Kontrolle sie über das Licht tatsächlich hätten, was zu folgendem Ergebnis führte: Die depressiven Versuchspersonen schätzten ihre Kontrollmöglichkeit insgesamt sehr realistisch ein. Die Nichtdepressiven schätzten richtig, wenn sie das Licht tatsächlich ein- und ausschalten konnten, aber in der Versuchsbedingung, in der sie in Wirklichkeit keinerlei Kontrolle hatten, überschätzten sie ihre Möglichkeit der Einflussnahme drastisch. Diese und weitere Untersuchungsergebnisse lassen Nuber zu der Vermutung kommen, dass depressive Menschen bei Selbsttäuschungsmanövern nicht mitmachen. Selbst wenn sie es wollten, sie könnten es nicht. Sie würden genau wissen, wieviel Kontrolle sie über ihr Leben hätten und wann sie versagt haben. Sie würden die Dinge sehen, wie sie sind, ohne den rosaroten Filter der positiven Illusionen. Auch seien Depressive nicht der Gefahr ausgesetzt, sich selbst zu belügen. Sie würden wahrnehmen, was andere gekonnt ausblenden. Sie kennen ihre Grenzen und ihre Möglichkeiten, und sie finden keine Tröstungen in abwiegelnden Selbstberuhigungen und falschen Schmeicheleien. Kranken depressive Menschen etwa an ihrer Ehrlichkeit und ihrem Realitätssinn? Nuber meint, diese Frage sei nicht so abwegig. Sie betrachtet es als Signal, dass es immer weniger Menschen gelingt, Augen und Ohren zu verschließen und dass immer weniger Menschen zur Lüge fähig seien. Sie stellt die Frage, ob unsere Psychen bereits so übervoll sind, dass uns das Verdrängen nicht mehr länger gelingen will und ob möglicherweise deshalb so viel über die besorgniserregende Zunahme der Depression diskutiert wird, weil diejenigen, denen die Selbsttäuschung noch gelingt, ahnen, dass auch sie bedroht sind (vgl. Nuber 2007, S. 177f/180/182f).

Dies waren Beobachtungen und Schlussfolgerungen von Fachleuten zum Sinn der Depression. Ob und welchen Sinn aber sehen diejenigen Menschen, die selbst Depressionen erlebt haben?

Tatsächlich stellen diejenigen Betroffenen, die selbst Depressionen erlebt haben und einen Sinn in ihr entdecken können, keine Ausnahme dar. Allerdings gibt es auch Depressive, die keinerlei Bedeutung in ihrer Depression entdecken können und sie einfach als schicksalhafte Erkrankung begreifen. Der größere Teil jedoch erkennt, dass das Geschehen eine Funktion hat (vgl. Hell 2007, S. 226f; Wolfersdorf 2002, S. 143; Müller-Rörich/Hass/Margue/van den Broek/Wagner 2007, S. 240). Viele möchten sogar ihr „Ich" nach der Depression nicht mehr mit dem „Ich" vor der Depression tauschen. Mitten in einer depressiven Episode sind die Betroffenen in aller Regel nicht in der Lage, einen Sinn darin zu erkennen. Spätestens aber wenn es „bergauf" geht, stellen sich viele die Frage, welche Botschaft eigentlich hinter dem Ganzen steckt. Häufig verstehen Depressive diese Erkrankung als einen deutlichen Hinweis darauf, dass in ihrem bisherigen Leben etwas nicht stimmt. In vielen Fällen liegen der Erkrankung seelische Konflikte zugrunde wie krankmachende Verhaltensmuster, extrem belastende Lebensumstände oder Ereignisse, die mitunter ohne die tiefe Leiderfahrung einer Depression gar nicht bewusst als solche erkannt worden wären. Diese Hinweise sind vielfältig, sodass Betroffene ganz individuelle Botschaften in der Erkrankung entdecken können. So kann durch eine Depression z. B. eine belastende Lebenssituation sichtbar gemacht werden, deren Unerträglichkeit nie bewusst wahrgenommen wurde, wie bei einem jungen Mann deutlich wird: „Ich habe mich vor zwei Jahren von meiner Frau getrennt, obwohl ich in einer depressiven Phase steckte und habe diesen Schritt bis heute nicht bereut" (zit. n. Müller-Rörich/Hass/Margue/van den Broek/Wagner 2007, S. 242). Eine Depression kann also für manche den Impuls geben, endlich eine längst überfällige Lebensentscheidung zu treffen. Für andere hat sie mehr die Funktion eines erzwungenen Innehaltens. Menschen, die ihre Belastungsgrenzen nicht wahrnehmen oder ignorieren, werden durch einen Zustand der völligen Lähmung vollkommen ausgebremst und auf diese Weise aus dem belastenden Kreislauf herausgenommen. Ein Betroffener: „Nach all den vielen Jahren (…) habe ich erkennen müssen, dass die Krankheit mit einer elektrischen Sicherung vergleichbar ist. Wenn die Belastung im Stromkreis zu groß wird, fällt die Sicherung aus und schützt somit die Leitungen vor der Zerstörung" (zit. n. Müller-Rörich/Hass/Margue/van den Broek/Wagner 2007, S. 242). Manchmal hat die Depression die Funktion, dem betroffenen Menschen aufzuzeigen, wo er die Grenzen seiner Belastung missachtet hat. Andere erkennen durch eine Depression, dass sie ein Leben führen, das durch äußere Zwänge und Regeln bestimmt oder gar zu einer reinen Erfüllung der Erwartungen anderer geworden ist; dass ihnen das Bewusstsein für ihre eigenen Bedürfnisse, Wünsche und Träume abhanden gekommen ist. Und nicht wenige Betroffene teilen die Theorie, dass sich die Depression wiederholen kann, wenn die krankmachenden Faktoren nicht aus ihrem Leben ausgeräumt werden. Um eine Depression zu überwinden, kann es also notwenig sein, ihre Ursachen zu erkennen und intensiv zu bearbeiten. Diese Selbstreflexion erfordert Zeit und Geduld, die der Mensch häufig erst durch ein leidvolles Erlebnis zu investieren bereit ist. Hinzu kommt die Angst vor Veränderungen, denn eine solche Auseinandersetzung kann weitreichende Folgen haben. Für manche bedeutet dies, einschneidende Entscheidungen fällen zu müssen, z. B. eine wichtige Beziehung abzubrechen oder wieder aufzunehmen, einen Wohnort- oder Arbeitsplatzwechsel oder die Aufarbeitung von Traumata, die Jahre oder Jahrzehnte zurückliegen können. Der Leidensdruck einer Depression kann jedoch so heftig sein, dass Betroffene schließlich ihre Ängste überwinden und die Bereitschaft entwickeln, genau hinzuschauen, worin ihre Probleme liegen (vgl. Müller-Rörich/Hass/Margue/van den Broek/Wagner 2007, S. 240ff).

Reiners, der selbst viele Jahre unter Depressionen gelitten hat, beschreibt eindringlich, welche Möglichkeiten das Leben nach überwundener Depression offenhält. Unabhängig von der Schwere und Dauer einer depressiven Episode, verändert eine Depression das Leben des betroffenen Menschen. Wer durch eine Depression an den Abgrund des Lebens geführt wurde und an der Schwelle der Selbstaufgabe gestanden hat, der war auch gezwungen, sich mit den Abgründen des eigenen Seins zu beschäftigen. Wer diesen Angriff auf das eigene Ich überstanden hat, hin- und hergerissen zwischen dem als aufgezwungen erlebten Lebensanfang und dem ersehnten Lebensende, der hat die qualvollen Schatten des Daseins gesehen. Jedoch hat die Zeit nach der Depression ihre ganz eigene Qualität. Wer durch die Krankheit gezwungen wurde, sich den Ausprägungen des eigenen Seins, den Fähigkeiten und den Begrenzungen vor allem aber den Lebensumständen zu stellen und sich mit ihnen zu arrangieren, für den besteht die Möglichkeit, mit sich selbst ins Reine zu kommen, mit sich selbst Frieden zu schließen. Solch eine gravierende Um- oder Neuorientierung im Privatleben, im Beruf und im Umgang mit anderen kann natürlich durchaus für Irritationen sorgen. Der einst kalkulierbare, handhabbare Kranke mit seinen vertrauten Wesenszügen und Handlungen beginnt nun, einer Häutung gleich, von seinem früheren Leben Abschied zu nehmen, sich neu zu orientieren und sich auf wunderbare Weise zu emanzipieren. Während der ehemals Depressive das als positiven Reifungsprozess erlebt, sieht sich das Gegenüber mit einer ganz ungewohnten Ich-Stärke konfrontiert. Diese neu gewonnene Selbstbestimmung kann befremdend auf andere wirken. Der wissende Blick des einst Hilflosen, seine Entschlossenheit, das Althergebrachte in all seinen Facetten zu hinterfragen und vehement Position zu beziehen, können das Gegenüber mitunter verstören. Doch für denjenigen Menschen, der seine Depression überwunden hat, ist die Zeit der falschen Kompromisse vorbei. Für ihn gilt es, die möglicherweise als brüchig oder unstimmig empfundenen Bereiche seines Lebens zu überprüfen und ggf. durch neue zu ersetzen. Nicht mehr Anpassung ist Lebens- und Überlebensstrategie, sondern das Ausleben eigener Wünsche und Ziele. Diese Haltung kann von anderen durchaus als praktizierter Egoismus empfunden werden, jedoch stecken nicht selten Gefühle von Neid und Missgunst dahinter. All dies gilt es auszuhalten. Natürlich ist dieser zu neuem Leben erwachte Mensch kein isoliertes Wesen. Und so gilt es, eine Balance zu finden, die es ermöglicht, mit der Welt in einen zwar neuen, aber dennoch sozialen Dialog zu treten. Nicht selten führt dieser zu der Erfahrung, dass die einst so ungeliebte eigene Person ganz unvermittelt von anderen in ihrer Reife nun als attraktiv empfunden wird. Gesundwerden bedeutet für den Depressiven, irgendwann das Leben und sich selbst ohne Illusionen und Vorbehalte annehmen zu können. Aus dem Lebensdefizit der Depression kann sich Lebenskompetenz entwickeln. Deshalb wird die Depression im Nachhinein häufig als konstruktives Geschehen beschrieben, das aus Lebenssinnlosigkeit erst Sinnhaftigkeit gemacht hat. Ein Sinn, der in der Krankheitsphase nicht zu erkennen ist, der aber auch nicht erwartet werden darf. Die Weichen des Lebens können, müssen aber nicht neu gestellt werden. Die Depression als Lebenschance zu bezeichnen, ist zynisch. Richtig ist aber, dass das Leben auch für depressive Menschen alle Chancen offenhält, wenn sie die Krankheit überwunden haben (vgl. Hegerl/Althaus /Reiners 2006, S. 226ff).

Vorangegangene Ausführungen machen deutlich, dass Depressionen nicht einfach grundlos vom Himmel fallen oder sich von Betroffenen eingefangen werden wie ein Schnupfen. In der Regel steckt eine Botschaft dahinter, die es im Laufe des Genesungsprozesses herauszufinden gilt. Dafür müssen geeignete Umstände geschaffen werden, damit solch eine Reflexionsarbeit überhaupt möglich gemacht wird. Der Einsatz von Psychopharmaka kann dafür (hingegen der Meinung von Emmy Gut) notwendig sein, um eine solche Ausgangslage zur Reflexionsarbeit zu schaffen, die meiner Ansicht nach jedoch im fortschreitenden Genesungsprozess im Vordergrund stehen sollte.

Es ist deutlich geworden, dass die Depression für viele mehr sein kann als nur eine Erkrankung. Ich selbst verstehe sie als einen Ruf der Seele nach Heilung, als eine gesunde Reaktion auf ungesunde, bedrückende, belastende Lebensumstände, Verhaltensmuster und oder ungeheilte aktuelle oder frühere Wunden. Mir erscheint sie wie eine geballte Konfrontation mit allem schmerzhaften, angstmachenden, unbewussten „Material“ der eigenen Psyche, was die endlos zermürbenden, selbstverneinenden Grübelzustände, die Schlaflosigkeit, die Angst, die Schuldgefühle, die Überforderung, die totale Erschöpfung bis hin zur völligen Lähmung und Gefühllosigkeit erklären könnte. Ein großes STOP im Leben, das ausbremst, das anhält, das schachmatt setzt, um im Idealfall nach und nach in einen tiefen Heilungsprozess überzugehen, der lang andauern kann, der möglicherweise von Rückfällen begleitet wird, der aber letztlich dazu dient, den betroffenen Menschen von negativen Konditionierungen und geschlagenen Wunden, dem daraus entstandenen aufreibenden Kompensationsverhalten sowie aus bedrückenden Lebensumständen zu befreien; hinein in ein neues und möglicherweise erstmals wahrhaft selbstbestimmtes Leben, das nicht nur die Begegnung mit anderen attraktiver macht, sondern auch die Begegnung mit sich selbst.

Krisen, insbesondere Depressionen als Form besonders schwerer Lebenskrisen, erfordern Hilfe, Beratung und Unterstützung. In diesem Aufgabenfeld nimmt die Sozialarbeit eine wichtige Funktion ein. Im Folgenden möchte ich verschiedene Hilfemöglichkeiten vorstellen, die der Sozialen Arbeit für Menschen in krisenhaften Lebenslagen zur Verfügung stehen.

3 Krisenmanagement

Kennzeichnend für die Soziale Arbeit ist die Fähigkeit, sich in Krisenfeldern zu bewegen. Ihre Qualität zeigt sich in einem angemessenen Umgang mit kritischen Lebensereignissen oder Lebenskrisen. Im Kern ist Sozialarbeit also Krisenarbeit. Zu diesem angemessenen Umgang gehört das Krisenmanagement.

Unter Krisenmanagement wird ein systematischer Umgang mit Krisensituationen verstanden. Als grundlegendes Handlungsmodell für das Krisenmanagement gilt das Konzept des Case Management, das auf der Weiterentwicklung von Methoden der Einzelfallhilfe basiert (vgl. Ruhnau-Wüllenweber/Wüllenweber 2004, S. 29). Generelle Zielsetzung des Case Managements ist es, die Fähigkeiten des Klienten zum selbstbestimmten Leben zu fördern, individuelle und im Umfeld liegende Ressourcen zu verknüpfen und höchstmögliche Effizienz im Hilfeprozess zu erreichen. Aufgabe ist es, den gesamten Unterstützungsprozess in Einbeziehung externer Dienstleistungsangebote - also über die Grenzen der eigenen Institution und Profession hinaus - durch Beratung, Planung, Koordination, Kontrolle und Evaluation bedarfsgerecht zu kombinieren und zu managen. Eingegangen wird dabei auf zwei Systeme: das individuelle System der Klientin, in dem durch persönliche Interaktion die Förderung des Selbstmanagements und die Stärkung der Selbstverantwortung erreicht werden soll sowie das institutionelle System, in dem es um Koordination der Dienstleistungen und den Aufbau von Kooperationsbeziehungen geht (vgl. Neuffer 2007, S. 162; Neumann 2007, S. 308).

Case Management erscheint vor allem dann sinnvoll, wenn verschiedene Helfer, Fachdisziplinen und Institutionen an einer Krisenintervention beteiligt sind und von einer mittel- bis längerfristigen Krisenbegleitung ausgegangen werden kann. Im Vordergrund steht dabei immer der Betroffene mit seinen Wünschen, Bedürfnissen Fähigkeiten und Problemen, der vor allem darin unterstützt werden soll, sich nach und nach selbst Hilfsquellen sachgerecht erschließen zu können. Im Rahmen von Krisenintervention beinhaltet Case Management somit, dass die Sozialarbeiterin sich einer komplexen problematischen Lebenssituation kontext- und ressourcensensibel, systematisch, koordiniert und kontrolliert zuwendet (vgl. Ruhnau-Wüllenweber/Wüllenweber 2004, S. 31/33). Dabei übernimmt sie die durchgehende Fallverantwortung und tritt in mehreren Funktionen auf: als Koordinatorin, Anwältin und Beraterin. Das heißt, dass ihre Arbeit sowohl von direkten als auch von indirekten Hilfestellungen geprägt ist (vgl. Neuffer 2007, S. 162).

Das eigentliche Krisenmanagement umfasst dabei vor allem folgende Aufgaben:

- Information: Da die Komplexität eines Unterstützungsprozesses aufgrund von Informationsmangel nicht selten zu verschiedensten Missverständnissen und Konflikten führt, ist es grundlegende Aufgabe der Sozialarbeiterin (als Case Managerin), für den Austausch von Informationen zu sorgen, z. B. Mitteilung von Terminen, Versenden von Gesprächsprotokollen.
- Kooperation: Sind verschiedene Personen und Einrichtungen an einem Unterstützungsprozess beteiligt, so ist eine Zusammenarbeit der Beteiligten erforderlich. Diese aber wird mitunter z. B. durch das Fehlen einer gefestigten beruflichen Identität der beteiligten Berufsgruppen oder Einrichtungen erschwert. Der Sozialarbeiterin kommt hier die Aufgabe zu, die Zusammenarbeit zu fördern.
- Koordination, Steuerung und Kontrolle: Die Sozialarbeiterin hat zudem die Aufgabe, den Prozess der Krisenintervention zu steuern und zugleich den Verlauf zu kontrollieren. Dies ist eine heikle und sensible Aufgabe, die nur dann gelingen kann, wenn alle Beteiligten das Case Management und damit die Sozialarbeiterin als Case Managerin akzeptieren, da ansonsten Kompetenzprobleme drohen. Da solche Unterstützungsprozesse nicht selten mit Konflikten und Uneinigkeiten einhergehen, ist es auch Aufgabe der Sozialarbeiterin, eine mögliche Stagnation zu erkennen, zu analysieren und ggf. neue Initiativen zu ergreifen.
- Dokumentation: Die Sozialarbeiterin als Case Managerin ist auch zuständig für das Dokumentieren des gesamten Unterstützungsprozesses, seines Verlaufs und seiner Entwicklung. Die Dokumentation dient der Evaluation und Ergebnisbewertung (vgl. Ruhnau-Wüllenweber/Wüllenweber 2004, S. 35ff).

3.1 Krisenintervention

Krisenintervention gehört in der sozialen Arbeit zum Standard in Theorie und Praxis. Sie beschreibt „(...) jene Form psychosozialer Betreuung, die sich mit Symptomen, Krankheiten und Fehlhaltungen befasst, deren Auftreten in engem Zusammenhang mit Krisen steht“ (Sonneck 2000, S. 61). Häufig wird Krisenintervention mit der akuten Intervention in Notsituationen gleichgesetzt, jedoch beinhaltet sie auch die mittel- bis längerfristige Hilfe, die auch als Krisenbegleitung bezeichnet wird. Eine sinnvolle Unterscheidung für die Praxis bewährt sich daher zwischen Akutintervention und Krisenbegleitung. Der Krisenbegleitung kommt eine besondere Bedeutung zu, da Krisenintervention nur dann ganzheitlich sein kann, wenn Betroffene über eine Notsituation hinaus eine auf die Bedürfnisse und Belastung abgestimmte Hilfe und Unterstützung erhalten (vgl. Wüllenweber 2004, S. 11).

Das wesentliche Ziel der Krisenbegleitung besteht darin, Menschen in schwierigen Lebenssituationen dabei zu unterstützen, wieder Stabilität zu erlangen. Hierzu ist es notwendig, gemeinsam mit der betroffenen Person herauszufinden, welche Hilfsmöglichkeiten und Ressourcen (innere und äußere) ihr zur Verfügung stehen, um sich selbst zu helfen. Wichtig ist hierbei also die ressourcenorientierte Haltung der Sozialarbeiterin, die sich an den Stärken und Kompetenzen des Gegenübers orientiert und nicht an den Defiziten. Die Sozialarbeiterin hat die Aufgabe, Betroffene dabei zu unterstützen, verborgene Ressourcen zu entdecken bzw. den Zugang zu verloren geglaubten Ressourcen wieder zu ermöglichen (vgl. Weinberger 2006, S. 21).

Das Ziel einer Akutintervention ist, eine Notfallsituation mit Selbst- oder Fremdgefährdung zu verhindern bzw. zu entschärfen. In solch einer Situation mit drohender Selbst- oder Fremdgefährdung und akuter Überforderung der Angehörigen wird augenblickliche Hilfe notwendig. In der Regel ist eine Akutintervention nach ein bis zwei Stunden abgeschlossen, sofern die Hilfe durch professionelle Helferinnen/Helfer, Dienste oder auch Angehörige weitergeführt werden kann und keine akute Gefahr mehr für Betroffene und deren Umfeld besteht (vgl. Weinberger 2006, S. 146).

Die Akutintervention ist häufig von verschiedenen Unsicherheiten begleitet:

- Unsicherheiten in der Einschätzung der Problematik der Betroffenen Person und oder der Situation.
- Unsicherheiten im Handeln: Soll unmittelbar gehandelt werden? Mit welcher Strategie?
- Unsicherheiten in der Zuständigkeit: Oft bestehen in pädagogischen Berufsgruppen Unsicherheiten darüber, ob sie zuständig und kompetent genug sind oder ob andere Helfer, Therapeuten oder die Psychiatrie zuständig ist.
- Unsicherheiten in der Kooperation: Sind unterschiedliche Professionen beteiligt, ist oft unklar, wer welche Aufgabe wahrzunehmen hat, wer worüber informiert werden soll und wer was zu entscheiden und zu verantworten hat.
- Rechtliche Unsicherheiten: Diese betreffen vor allem freiheitsbeschränkende Maßnahmen im Zuge von Selbst- oder Fremdgefährdung (vgl. Wüllenweber 2004, S. 12).

Einige dieser Unsicherheiten lassen sich durch ausreichende Information beseitigen, andere eher durch berufliche Erfahrung und gute Vernetzung.

Für die Praxis ist es wichtig, spezifische Unterschiede der ambulanten und stationären Krisenintervention zu beachten. Wenn immer möglich, sollte die ambulante Krisenintervention der stationären vorgezogen werden. Vorteil der ambulanten Krisenintervention ist, dass sie in dem natürlichen Umfeld des betroffenen Menschen stattfindet. Zum einen können so die Ressourcen und die Wirkung der Krisenintervention kontinuierlich eingeschätzt werden. Zum anderen werden dadurch die unerwünschten Wirkungen von Klinikaufenthalten (Hospitalismus) vermieden. Allerdings gibt es auch Krisensituationen, die eine ambulante Betreuung in Frage stellen oder gar unmöglich machen. Das betrifft vor allem akute Suizidalität, aber auch die Tatsache, dass die Belastung, die zur Krise geführt hat, in der ambulanten Betreuung oft unverändert anhält und somit die Ressourcen der betroffenen Person blockieren kann. Eine stationäre Krisenintervention kann durchaus als entlastend empfunden werden, und zwar dadurch, dass die betroffene Person aus dem belastenden Umfeld herauskommt und zunächst erst mal keine Leistungen von ihr erwartet werden. Aufgaben des alltäglichen Lebens treten in den Hintergrund. Diese äußere Veränderung kann bereits eine Entspannung der Krisensituation bewirken. Allerdings kann ein solcher Entlastungseffekt wiederum „Nebenwirkungen" haben, und zwar kann der geschützte Rahmen der Station den Leidensdruck derart mindern, dass eine Konfliktbearbeitung deutlich erschwert wird, z. B. bei Krisen, die durch Paarkonflikte oder durch Konflikte am Arbeitsplatz entstanden sind (vgl. Sauvant 2000, S. 87f).

Das Wichtigste zur Krisenbewältigung ist jedoch die zwischenmenschliche Zuwendung, die gar nicht hoch genug bewertet werden kann. Auch darf nicht übersehen werden, dass die meisten Krisen durch Hilfe von Angehörigen, Freunden und Bekannten aus dem eigenen sozialen Umfeld effizient bewältigt werden. Für den Fall, dass dies nicht ausreicht oder ein stabiles soziales Umfeld nicht gegeben ist, gibt es verschiedene Anlaufstellen in Form von Beratungsstellen für Eltern, Kinder, Jugendliche, Frauen, Männer, Migranten, für Ehe-, Familien-, und Lebensberatung, für Suchtkranke usw.. Die meisten Hilfesuchenden kommen in Krisensituationen zur Beratung, d. h., Krisen gehören zu den Hauptanlässen von Beratung (vgl. Jost 2006, S. 135f).

Krisenintervention sollte in einem zeitlich begrenztem Rahmen stattfinden (vgl. Schnyder 2000, S. 56; Eink/Haltenhoff 2007, S. 76).

Für den Ablauf einer Krisenintervention stellt Ciompi ein Krisenkonzept in sechs Schritten vor:

1. Den Krisenanlass verstehen. Wichtig ist dabei die Konzentration auf die aktuelle Situation und deren wichtigste anamnestische Hintergründe.
2. Eine gemeinsame „Krisendefinition" erarbeiten. Sie sollte gut verständlich und akzeptabel sein, dadurch wird Vertrauen und Sicherheit gefördert.

3. Gefühle ausdrücken bzw. entlasten. Wenn Gefühle wie Trauer, Schmerz, Kränkung, Scham, Angst, Schuld usw. ausgedrückt werden dürfen, wirkt dies bereits spannungslösend.
4. Gewohnte Bewältigungsstrategien reaktivieren. Konfrontation mit der Realität. Unterstützung von Eigeninitiativen sowie Zusammenarbeit mit Angehörigen, Freunden, Bezugspersonen, anderen Hilfemöglichkeiten. Erstellen von Prioritätenliste, Anpacken dringlichster Aufgaben.
5. Neue Lösungen in Betracht ziehen, wenn vorangegangene Schritte keine Lösung gebracht haben.
6. Abschließender Rückblick und Bilanz. Sie sollten einige Wochen nach Beendigung der Krisenintervention stattfinden, um einerseits die erfolgte Krisenbewältigung zu festigen und um andererseits aus der inzwischen gewonnenen Distanz bzw. aus dem Erlebten zu lernen (vgl. Ciompi 2000, S. 21f).

Welche Qualifikationen aber sind es, die eine Sozialarbeiterin befähigen, qualifizierte Krisenintervention anbieten zu können? Kunz, Scheuermann und Schürmann unterscheiden zwischen Erfahrung, Wissen, Handwerkszeug und Schlüsselqualifikationen:

1. Erfahrung: Gemeint ist damit Berufserfahrung in psychosozialen und psychiatrischen Arbeitsfeldern, aber auch Lebenserfahrung vor allem im Bezug auf eigenes Krisenerleben und Krisenbewältigung (erfahren, durchlebt, reflektiert).
2. Wissen: Fachwissen bezüglich der Einschätzung von Problemfeldern (was ist wichtig zu beachten z. B. bei Trennung, Gewalt, Tod von Angehörigen, Depression, Psychose). Handlungswissen für den Umgang mit z. B. suizidalen oder manischen Menschen. Organisationswissen, also Kenntnis des psychiatrischen und psychosozialen Versorgungssystems allgemein, Wissen über Vernetzungspartner.
3. Handwerkszeug: Sichere Basiskompetenz in der Gesprächsführung, Beratungskompetenz.
4. Schlüsselqualifikationen: Hier sind persönliche Kompetenzen gefordert, die es der Sozialarbeiterin ermöglichen, sich auf die jeweilige Problemlage und die betroffene Person mit ihrer individuellen Art einzustellen. Gemeint sind Qualitäten wie Belastbarkeit, Gelassenheit, Mut zu verantwortungsvollen Entscheidungen, Kontaktfähigkeit, Kooperationsfähigkeit, Bewältigungsoptimismus, Reflexionsfähigkeit und Lernkompetenz (Bereitschaft, sich stetig weiter zu entwickeln) (vgl. Kunz/Scheuermann/Schürmann 2007, S. 181ff).

3.1.1 Klientenzentrierte Beratung

Psychosoziale Beratung ist ein charakteristischer Bestandteil der sozialen Arbeit. Als besonders geeignete Methode für die Beratung gilt die klientenzentrierte Gesprächsführung nach Rogers (vgl. Galuske 2007, S. 176). Dies liegt mitunter daran, dass die wesentlichen Prinzipien der klientenzentrierten Gesprächsführung mit denen der sozialen Arbeit übereinstimmen. Im Einzelnen sind dies:

1. Die Hilfe zur Selbsthilfe. Es ist nicht Aufgabe der Beraterin, der Klientin die Lösung von Problemen abzunehmen. Vielmehr soll gemeinsam daran gearbeitet werden, die Eigenkräfte der Klientin zu fördern und zu stärken, damit die Klientin letztlich befähigt wird, selbst zu einer Lösung zu finden.
2. Die Beziehung zwischen Sozialarbeiterin und Klientin, die eine zentrale Rolle spielt.
3. Die Betonung der Gegenwart anstelle der Vergangenheit (vgl. Weinberger 2006, S. 35).

Die klientenzentrierte Gesprächsführung unterstützt also den Prozess der Klientin, aus einer problematischen Situation heraus selbst Lösungsmöglichkeiten zu entwickeln und zu finden. Dies wird vor allem durch die klientenzentrierte Haltung der Sozialarbeiterin gefördert, die aus dem Zusammenspiel folgender dreier Elemente besteht:

- Einfühlendes Verstehen: Hier geht es um die Fähigkeit, sich in die Erlebniswelt der Klientin einzufühlen; so tief als möglich die Welt aus ihren Augen zu betrachten und zu erleben, ohne dabei das „als ob" zu vergessen. Es geht also darum, alle eigenen Vorstellungen und Erlebensweisen für diesen Moment zurückzustellen und sich ganz auf die Klientin einzulassen. Eine Grundbedingung hierfür ist ein aufmerksames Zuhören. Die sensible, antastende Wiedergabe des Gehörten und Mitgefühlten in eigenen Worten, ein stilles Verstehen oder auch ein behutsamer Körperkontakt vermitteln dem Gegenüber ein Gefühl des Verstandenseins. Dadurch wird eine offene Beziehung der Beteiligten und die Auseinandersetzung der Klientin mit ihren Gefühlen und ihrer Situation gefördert.
- Unbedingte Wertschätzung: Dies bedeutet, die Klientin uneingeschränkt genau so anzunehmen, wie sie ist, unabhängig von ihren Äußerungen, unabhängig davon, wie sie sich gerade gibt, unabhängig von ihren Gefühlen. Es geht also um eine bedingungslose Akzeptanz der Klientin. Nur diese ermöglicht es, dass sich die Klientin wirklich angenommen fühlt, was ihre Annahme sich selbst gegenüber stärkt, und somit ihre Selbstkompetenz fördert. Diese Wertschätzung entsteht zum einen durch die Fähigkeit, sich einfühlen

zu können, zum anderen aber ist sie untrennbar von der Echtheit - also von der Authentizität - der Sozialarbeiterin. Denn eine unbedingte Wertschätzung wird nur dann spürbar, wenn sie wahrhaftig ist. Eine gute Übung hierfür ist es, zu lernen, sich selbst bedingungslos anzunehmen. Denn wer sich selbst annehmen kann, dem wird es auch mit einem anderen Menschen leichter fallen.

- Echtheit/Kongruenz[5]: Mit Echtheit ist gemeint, dass die Sozialarbeiterin keine Fassade aufbaut, sondern wahrhaftig ist und sie selbst bleibt; dass sie sich ihrer eigenen Empfindungen und Gedanken bewusst ist und diese - wenn es angebracht erscheint - mit in die Interaktion einbringt. Es geht also um Authentizität und Offenheit, was nicht bedeutet, dass die Sozialarbeiterin alle Wahrnehmungen und Gedanken äußern soll, damit würde sie sich nur selbst in den Mittelpunkt stellen, sondern dass zwischen dem, was sie nach außen bringt, und dem, was sie innen wahrnimmt, eine Übereinstimmung besteht. Das ist Echtheit und nur diese kann eine vertrauensvolle Basis für die Interaktion zwischen Sozialarbeiterin und Klientin schaffen (vgl. Weinberger 2006, S. 37ff/48/55ff/62ff).

Mit dieser klientenzentrierten Haltung lässt sich klären, welche Art von Hilfe die Klientin benötigt. So kann z. B. die Vermittlung von Information im Vordergrund stehen (Sachkompetenz), es kann darum gehen, zügig zu handeln (z. B. Organisationskompetenz) oder es können Entscheidungen und oder die konkrete Auseinandersetzung mit Ängsten, Verwirrungen, Unsicherheiten usw. angezeigt sein (Kompetenz in klientenzentrierter Gesprächsführung). Tatsächlich stellt sich das „eigentliche" Problem der Klientin häufig erst über eine klientenzentrierte Haltung heraus (vgl. Weinberger 2006, S. 86).

Für den längerfristigen Ablauf der klientenzentrierten Beratung ist eine Strukturierung des Beratungsprozesses erforderlich, diese besteht:

- in klaren Absprachen darüber, wo, wie häufig und über welchen voraussichtlichen Zeitraum die Beratungsgespräche stattfinden. Die Dauer hängt letztlich aber von der individuellen Situation der Klientin ab.
- in einer Klärung der mitunter hohen Erwartungshaltung an die Sozialarbeiterin seitens der Klientin. Es gilt also zu klären, dass es für die meisten Probleme keine Patentrezepte gibt, dass aber im gemeinsamen Gespräch versucht werden könne, eine akzeptable Lösung zu finden.

---

[5] Kongruenz: Übereinstimmung (vgl. Wahrig 490).

- in einem gemeinsamen Problemlösungsprozess, in dessen Verlauf immer wieder gemeinsam Inhalte und anzustrebende Ziele festgelegt werden unter Einbeziehung der innerpsychischen, sozialen und auch materiellen Ressourcen der Klientin (vgl. Weinberger 2006, S. 85).

Das bereits von Ciompi vorgestellte Kriseninterventionskonzept zeigt viele Parallelen zum Schema allgemeiner Problemlösungsprozesse. Zur Vermeidung von Wiederholungen verzichte ich an dieser Stelle darauf, ein allgemeines Beratungsschema vorzustellen und beschränke mich auf diesen Verweis.

Der klientenzentrierte Ansatz bietet einen strukturellen Rahmen, der Klientin in einer Krisensituation zu helfen. In diesem Rahmen stellt die Sozialarbeiterin mit einfühlendem Verstehen, mit bedingungsloser Wertschätzung und Authentizität eine Beziehung her, die es der Klientin ermöglicht, sich verstanden und angenommen zu fühlen. Dies fördert vom ersten Augenblick an die Selbstheilungskräfte der Klientin und somit ihre persönlichen Ressourcen. Die Sozialarbeiterin ist die Expertin für die Begleitung dieses Prozesses, die Expertin für die Lösung aber ist die Klientin selbst (vgl. Weinberger 2006, S. 109/148).

Die weiteren Ausführungen basieren auf diesem klientenzentrierten Ansatz.

3.1.2 Angehörigenberatung bei Depressionen

Fester Bestandteil von Sozialer Arbeit ist auch die Angehörigenberatung. Soziale Arbeit sieht nicht nur den einzelnen Menschen, sondern die Person in ihrem System, ihrem Lebensumfeld. Ganzheitlich kann nur dort gearbeitet werden, wo dieses System mit einbezogen wird, da es mit dem einzelnen Menschen verbunden und daher immer auch mit betroffen ist.

Die Auswirkungen von Depressionen auf den familiären und partnerschaftlichen Alltag sind gravierend (siehe Kapitel 2 Psychosoziale Folgen). Studien zufolge leiden Familien mit einem depressiven Angehörigen stärker als Familien mit alkoholabhängigen oder schizophrenen Angehörigen. Vor allem akute depressive Krankheitsphasen werden innerhalb der Familie als Krisensituation erlebt. Und dabei werden Angehörige leider - auch heute noch - zu selten in einen ärztlichen oder therapeutischen Behandlungskontext mit einbezogen (vgl. Bischkopf 2005, S. 7/60; Hegerl/Althaus/Reiners 2006, S. 166).

Angehörige geben mitunter ihre ganze Kraft, um den Betroffenen aufzumuntern, zu erheitern oder zu irgend etwas zu bewegen. Früher oder später stoßen viele dabei jedoch an ihre Grenzen und landen in einem Gefühl der Überforderung, zumal der depressive Partner in keiner Weise in der Lage ist, dieses Engagement, die Geduld und Zuwendung zu würdigen. So sind es häufig die Angehörigen, die - wenn sie nicht mehr weiter wissen - für den Betroffenen Unterstützung suchen und auf diese Weise Beratungsstellen kontaktieren (vgl. Hegerl/ Althaus/Reiners 2006, S. 166).

3.1.2.1 Beratungsgespräch mit Angehörigen

In der Regel kommen die Angehörigen mit der Vorstellung in die Krisenberatung, nicht Hilfe für sich, sondern für ihren depressiven Angehörigen zu suchen. Es kann daher für die Angehörigen mitunter überraschend sein, wenn ihre eigene Situation zum Gegenstand der Intervention wird. Häufig wird ihnen erst im Gespräch deutlich, unter welch großer Belastung sie selber stehen. Meist stellt sich somit heraus, dass die Beratung und Betreuung Angehöriger von Depressiven mindestens ebenso wichtig ist, wie die des depressiven Menschen (vgl. Bischkopf 2005, S. 93; Kunz/Scheuermann/Schürmann 2007, S. 133).

Zunächst einmal gilt es, sich in die Erfahrungswelt einer Angehörigen hineinzuversetzen. Dies gelingt am besten, indem die Sozialarbeiterin ihr die Möglichkeit gibt, über ihren Alltag zu erzählen. Depressionen beeinflussen nahezu alle Bereiche des täglichen Lebens, von daher ist es wichtig, herauszufinden, welche Bereiche aktuell als am wichtigsten erlebt werden und daher zunächst Aufmerksamkeit benötigen. Die Sozialarbeiterin sollte sensibel sein, z. B. für die Gesundheitssituation der Angehörigen, auch dafür, ob möglicherweise die ganze Familie gewissermaßen erstarrt ist und sich vollständig an die Depression angepasst hat; wie ausgeprägt die Depression ist, ob sie als solche schon erkannt wurde; welche Einstellungen möglicherweise bestehen (wenn er nur wollte, dann könnte er auch) oder ob es sich um eine wiederholte Depression handelt. Auch sollte die Sozialarbeiterin sich ggf. nicht scheuen, mögliche tabuisierte Themen wie Sexualität, negative Gefühle, Aggressivität oder Arbeitsplatzverlust sensibel anzusprechen (vgl. Bischkopf 2005, S. 31f/45/50/58f/76).

Zu Beginn ist es in der Regel wichtig, leicht verständliche Informationen über Depressionen anzubieten. Ziel eines „Aufklärungsgesprächs" über Depression ist immer, Hoffnung zu vermitteln, denn sie macht den Weg zu den eigenen Ressourcen und Möglichkeiten frei. Dazu sollte die Sozialarbeiterin auf dem neuesten Stand der Forschung sein und die Statistiken und Wahrscheinlichkeiten kennen. Sie sollte Erfahrungsberichte empfehlen oder auf bereits gemachte Erfahrungen zurückgreifen. Angehörige berichten im Nachhinein, dass sie es z. B. als hilfreich empfunden hätten, zu erfahren, wie viele der prominenten Menschen oder gar Meister auch depressiv gewesen seien und ohne die doch die Welt unendlich viel ärmer gewesen wäre: Eine Depression ist schließlich keine unehrenhafte Erkrankung. Die wichtigste Information jedoch ist: Eine Depression ist behandelbar (vgl. Bischkopf 2005, S. 33f/97; Hegerl/Althaus/Reiners 2006, S. 165).

In jedem Fall gilt es, für die Themen der Angehörigen offen zu sein und flexibel mit ihnen umzugehen.

3.1.2.2 Hilfe- und Unterstützungsmöglichkeiten für Angehörige

Je nach Schwere der Erkrankung des depressiven Familienmitgliedes können unterschiedliche Angebote für die Angehörigen unterbreitet werden. Empfehlenswert sind zunächst einmal Informationsangebote über Depressionen, ihren Verlauf und deren Behandlungsmöglichkeiten usw.. Da sich die Belastungen in akuten Phasen häufen, kann es hilfreich sein, z. B. Hilfe im Haushalt und bei der Kinderbetreuung mit einzubeziehen. Eine Vernetzung mit anderen Familien kann zur Stärkung der Selbsthilfe und zum Erfahrungsaustausch beitragen, dies gilt natürlich insbesondere für Selbsthilfegruppen. Entlastend wirkt, wenn Angehörige in ihren Gefühlen angenommen werden und diese Raum bekommen. Manchmal sind sie derart belastet, dass sie sogar selbst therapeutische Hilfe benötigen. Es gilt also, auch Angehörige darin zu bestärken, dass es richtig ist, professionelle Unterstützung in Anspruch zu nehmen. Es ist wichtig, herauszufinden, ob es Möglichkeiten gibt, wie Paare die Depression als Herausforderung betrachten und zu gemeinsamen Bewältigungsformen finden können. Gemeinsame Bewältigungsstrategien haben mehr Aussicht auf Erfolg und können die Partner einander wieder näher bringen. Besonders wichtig ist es, Angehörige darin zu unterstützen, ihre eigenen Bedürfnisse wahrzunehmen und Möglichkeiten zu finden, diese zu befriedigen und sich selbst damit zu entlasten (vgl. Bischkopf 2005, S. 76/90).

Die Möglichkeiten der Selbsthilfe sind dabei sehr vielfältig, zu nennen sind:

- Möglichkeiten schaffen, zeitweise dem belastenden Alltag zu entrinnen, auch einmal alleine (ggf. mit den Kindern) etwas zu unternehmen. Es geht darum, den Alltag mit dem depressiven Partner bewusst zu unterbrechen, also auch noch eine „Realität“ außerhalb der belastenden Situation zu schaffen. Hierfür eignen sich alle möglichen Formen von Freizeitaktivitäten.
- Gespräche mit verständnisvollen Menschen. Sie helfen dabei, sich von emotionalen Belastungen zu befreien und die eigene Situation zu reflektieren.
- Aufschreiben von Gefühlen, Ereignissen, Gedanken (Tagebuch). Schreiben kann eine wichtige Ressource sein. Es gilt als eine gute, oft verkannte Möglichkeit, sich die Last von der Seele zu schreiben.

Insgesamt geht es hierbei darum, sich zeitweise bewusst von dem depressiven Angehörigen, von eigenen Verletzungen und von wahrgenommen Verantwortlichkeiten zu distanzieren, um wieder Kraft zu tanken oder bei Kräften zu bleiben. Denn wenn die Angehörigen selbst in Erschöpfung, Verzweiflung und Hoffnungslosigkeit versinken, ist damit niemandem geholfen (vgl. Bischkopf 2005, S. 74f).

Entlastung ist für Angehörige unbedingt wichtig, um den Schwierigkeiten im Umgang mit dem depressiven Familienmitglied standhalten zu können.

3.1.2.3 Schwierigkeiten im Umgang mit Depressionen

Im Umgang mit Depressionen seitens der Angehörigen tauchen verschiedene Schwierigkeiten auf. Das sind vor allem mangelnde Information, fehlende Unterstützung und Angst vor Stigmatisierung.

Information und Erfahrung beeinflussen die Bewältigungsformen der Angehörigen mit depressionsbedingten Problemen. Daher erleben sie es als besonders wichtig, über die Krankheit (Verlauf und Behandlung) informiert zu sein. Oft ist ihnen nicht bekannt, wo und durch wen sie Unterstützung erhalten können. Auch ist da die Angst vor den Reaktionen von Freunden und Nachbarn, die ihrerseits aus Unwissenheit die Depression häufig entweder katastrophisieren oder bagatellisieren. Das meiste Interesse jedoch gilt den Antworten nach einem adäquaten Umgang mit dem Depressiven. Oft fühlen sich Angehörige unsicher, wie sie sich gegenüber dem Depressiven verhalten sollen, welches Verhalten sie akzeptieren sollen, welches nicht, wie sie ihn aufmuntern können, wie sie seinen „Starrsinn“ durchbrechen können, wie sie mit der Zurückweisung umgehen können oder was es zu tun gilt, wenn er gar Suizidgedanken äußert (vgl. Bischkopf 2005, S. 94f).

Auch wenn Angehörige es sich manchmal wünschen würden, so etwas wie ein Handbuch, in welchem sie „das richtige Verhalten“ zum richtigen Zeitpunkt mit der richtigen Wirkung nachschlagen könnten, gibt es leider nicht. Mit einem klientenzentrierten Hintergrund ist es jedoch möglich, sich in die Lebenswelt der Angehörigen hineinzubegeben und mit ihnen gemeinsam - so sie es brauchen und wünschen - ein individuelles Handbuch zu gestalten (vgl. Bischkopf 2005, S. 94).

Es gibt Hinweise auf Fehlerquellen im Umgang mit Depressiven sowie auf förderliches unterstützendes Verhalten, worauf im Folgenden eingegangen wird.

3.1.2.4 Umgang mit Depressiven

Für einen hilfreichen Umgang mit Depressiven ist es unumgänglich, gut informiert zu sein. Es gibt viele Fehlerquellen, die dadurch vermieden werden können. Anhand von Erfahrungswerten gelten bestimmte Umgangsweisen der Angehörigen als sehr ungünstig für den Genesungsprozess, dies sind im Wesentlichen: eine therapeutische Haltung, überfürsorgliches Einengen, misstrauisches und ängstliches Überwachen, schulterklopfendes Abwerten, aggressives Ablehnen, ums Rechthaben streiten, Selbstüberforderung und Selbstüberschätzung, Spielen von überoptimistischem Theater, Beschönigen oder Interpretieren der Depression gegenüber dem Depressiven, Sinnzuschreibung (das können Betroffene nur selbst tun), ständige Aufheiterungsversuche, Ansteckenlassen von depressiven Gedanken und Verfallen in Hoffnungslosigkeit (vgl. Wolfersdorf 2002, S. 126; Hell 2007, S. 252f).

Ungeduld, Unverständnis, Überforderung oder der Appell an den Willen des Depressiven verstärken die Schuldgefühle. Ablenkende Sprüche wie „das wird schon wieder“, „morgen scheint wieder die Sonne“ oder auch Aussagen wie „gönn’ dir mal was Schönes“ schaffen nur Distanz und ein Gefühl des totalen Unverstandenseins. Depressive würden zwar gern, aber können nicht wollen. Auch Urlaub, Kuraufenthalt oder andere Umgebungswechsel überfordern einen Depressiven maßlos. Aus ebendiesem Grund sollten in dieser Zeit keine weitreichenden Entscheidungen getroffen werden (vgl. Hautzinger 2006, S. 65).

Als günstige Umgangsformen mit Depressiven gelten vor allem folgende: verständnisvolles Einfühlen, eine warme empathische und fürsorgliche Haltung, eine Balance zwischen Nähe herstellen und Distanz halten, Geduld mit sich selbst und dem Depressiven, Hilfe in Anspruch nehmen und akzeptieren, authentisch bleiben, eigene Enttäuschungen und Aggressionen erkennen (für sich selbst als menschlich-verstehbar zulassen, aber nicht gegenüber dem Depressiven ausleben), alle nichtdepressiven Äußerungen und Handlungen lobend aufgreifen, Auffordern zu gemeinsamer Aktivität (bestens eignen sich Spaziergänge im Grünen), nicht über- oder unterfordern, Tagesablauf gestalten, ärztliche Behandlung (Einnahme von Medikamenten) unterstützen, eigenen Lebensrhythmus aufrechterhalten, Kontakte zu anderen, aufkommende Schuldgefühle sowie persönliche Sorgen oder aufkommende Verstimmung mit Vertrauten bzw. mit Fachpersonen besprechen (vgl. Wolfersdorf 2002, S. 127; Hell 2007, S. 252f).

Dies alles erfordert sehr viel von den Angehörigen, und deshalb ist es so unbedingt wichtig, dass die Angehörigen auch an ihre eigene Verfassung denken und etwas für sich selbst tun (vgl. Hautzinger 2006, S. 64).

Je tiefer ein Mensch in einer Depression steckt, um so stärker ist er darauf angewiesen, dass die Kontaktaufnahme durch andere erfolgt, da er in seiner Beziehungsfähigkeit in dieser Zeit stark eingeschränkt ist. Das einfühlsame Zugehen auf einen depressiven Menschen erweist sich als besonders anspruchsvoll, weil es oft ohne die erwartete Antwort bleibt. Depressive können häufig erst nach der Aufhellung der Depression mitteilen, wie dankbar sie für ein ausharrendes Präsentsein waren und welche innere Resonanz eine unaufdringliche Hilfestellung hatte (vgl. Hell 2007, S. 244).

Es wird deutlich, dass die Angehörigen unter sehr hohen Anforderungen und Belastungen stehen und deshalb seitens der Ärzte und Therapeuten mit in den Behandlungsplan einbezogen werden müssen und zudem für sich selbst die Möglichkeit brauchen, auf professionelle Unterstützung zurückgreifen zu können.

Ergänzend sei hier noch der Umgang mit dem Freundeskreis angesprochen. Was den engsten Freundeskreis betrifft, so empfiehlt es sich, offen und direkt zu sein und auch von „Depression“ zu sprechen. Auch sollten konkrete Informationen gegeben bzw. ausgetauscht werden. Im weiteren Freundes- und Bekanntenkreis hat es sich bewährt, von einer „Erschöpfungsdepression“ zu sprechen. Dies weckt häufig eine seltsame Mischung aus Hilflosigkeit und Neugier, das Bedürfnis mehr darüber zu erfahren, und zwar nicht selten aus ernsthaftem Interesse, wenn auch ein weiteres Nachfragen aus Vorsicht häufig ausbleibt. Insgesamt geben Zeiten von Depressionen die Möglichkeit, zu erkennen, welche Menschen wirklich Freunde sind (vgl. Wolfersdorf 2002, S. 120).

Hilfe und Unterstützungssysteme für Angehörige dienen zunächst deren Stärkung für ihren Umgang mit dem Betroffenen. Sie stellen aber zugleich auch eine Unterstützung für den Betroffenen selbst dar. Gestärkte Angehörige tragen nämlich dazu bei, dass der Betroffene Teil der Gemeinschaft bleibt und nicht in die soziale Isolation gerät. Das ist auch Kernaufgabe der Soziotherapie.

3.1.3 Soziotherapie

Da Soziotherapie in Kapitel 2 unter den Behandlungs- und Bewältigungsmöglichkeiten als Aufgabengebiet der Sozialarbeit erwähnt wurde, soll hier noch kurz erläutert werden, was darunter verstanden wird.

Soziotherapie stellt keine eigene Therapieform dar, sondern kann als methodenübergreifendes helfendes Handeln verstanden werden. Sie wirkt vorrangig in den Lebensbereichen Wohnen, Arbeit und Kontakte und wird hauptsächlich von Sozialarbeiterinnen ausgeführt. An soziotherapeutische Unterstützung wird vor allem dann gedacht, wenn in diesen sozialen Bereichen Beeinträchtigungen vorliegen (vgl. Schreckling 2003, S. 1; Wolfersdorf 2001, S. 192).

Wer durch eine psychische Erkrankung vorübergehend oder längerfristig wichtige soziale Fähigkeiten verliert, kann dadurch in finanzielle Not geraten, die Wohnung, der Arbeitsplatz und Beziehungen können gefährdet oder verloren sein. Soziotherapeutische Angebote werden dann häufig als erster Anlaufpunkt erlebt, wenn es um die Neustrukturierung eines durch die Erkrankung aus der Bahn geworfenen Lebens geht. Die Sozialarbeiterin ordnet dann mit dem Betroffenen die zu klärenden Angelegenheiten. Dabei richtet sich die erforderliche Unterstützung nach dem Gesundheitszustand und der aktuellen Leistungsfähigkeit des Betroffenen (vgl. Wolfersdorf 2001, S. 192).

Es handelt sich bei Soziotherapie jedoch nicht nur um eine Leistung, die stellvertretend für den Betroffenen dessen Interessen vertritt. Vielmehr soll der Betroffene über das gezielte Training von sozialen Kompetenzen dazu befähigt werden, seine Interessen selbst wieder wahrzunehmen (vgl. Schreckling 2003, S. 2).

Bei längerfristigen Beeinträchtigungen durch die Erkrankung hilft Soziotherapie dabei, dass der Betroffene Teil der Gemeinschaft bleibt und nicht in soziale Isolation gerät. Dies geschieht z. B. über die Erhaltung und Förderung von Kontakten, entlastende und stützende Gespräche, die Erarbeitung von Tages- und Wochenplänen, Unterstützung bei alltäglichen Verrichtungen, die Begleitung von Arztbesuchen usw. (vgl. Wolfersdorf 2001, S. 192).

Soziotherapeutische Leistungen werden vorwiegend angekoppelt an Einrichtungen, z. B. psychiatrische Kliniken oder Begegnungsstätten sozialer Dienste, angeboten. Die Besonderheit von Soziotherapie liegt darin, dass sie auch aufsuchend arbeitet. Wenn es erforderlich und gewünscht ist, besucht die Sozialarbeiterin den Betroffenen zu Hause oder begleitet ihn bei bestimmten Aktivitäten, z. B. Behördengängen (vgl. Wolfersdorf 2001, S. 192).

Soziotherapie berücksichtigt also nicht nur die biologische und psychologische, sondern auch die soziale Komponente der psychischen Erkrankung eines Menschen und spiegelt somit den klassischen Ansatz der Sozialarbeit wider.

3.1.4 Suizidprävention

Soziale Arbeit als Krisenarbeit wird immer auch mit Menschen konfrontiert, bei denen sich Krisen bis zur Suizidgefährdung zuspitzen. Deshalb muss der professionelle Umgang mit Menschen in suizidalen Krisen unbedingter Bestandteil von Sozialer Arbeit sein.

Menschen, die sich in psychosozialen Krisen befinden oder unter einer psychischen Erkrankung leiden, weisen gegenüber der Allgemeinbevölkerung ein 15 bis 30-fach erhöhtes Suizidrisiko auf (vgl. Eink/Haltenhoff 2007, S. 27). Dabei gilt die Depression als die Erkrankung mit dem höchsten Suizidrisiko (vgl. Wolfersdorf 2001, S. 199) (siehe auch Kapitel 2 Epidemiologie).

Die meisten Suizide Depressiver geschehen unter ambulanten Behandlungsbedingungen oder außerhalb von Behandlung und Therapie. Dies verweist zum einen auf die im ambulanten Bereich bestehende Unter- oder Fehldiagnostik bzw. Unter- oder Fehleinschätzung sowie auf die daraus resultierende Unter-, Fehl- oder Nichtbehandlung von Depressionen (vgl. Wolfersdorf 2006, S. 292f).

Deshalb ist es besonders wichtig, dass all jene Berufsgruppen, die üblicherweise mit Menschen in Krisensituationen zu tun haben (und das betrifft insbesondere die Soziale Arbeit), ein fundiertes Wissen über potenzielle Suizidgefährdung und den Umgang mit solchen Menschen haben (vgl. Sonneck 2000, S. 162).

3.1.4.1 Erkennen von Suizidalität

Ein zentraler Bestandteil von Suizidprävention ist das Erkennen von Suizidalität. Dafür ist es zunächst einmal wichtig, sich von falschen Vorstellungen zu trennen:

- Wer von Selbstmord redet, bringt sich nicht um: Tatsächlich haben acht von zehn Suizidanten vorher über ihre Absichten gesprochen.
- Suizid geschieht ohne Vorzeichen: Menschen, die vorhaben, sich zu suizidiren, geben vorher in der Regel deutliche Signale.
- Wer die Absicht hat, will auf keinen Fall mehr leben: Der Suizidversuch ist meist als Hilferuf zu verstehen. Ich möchte leben, aber nicht so. Bei 75% der Menschen, die Suizidversuche überlebt haben, kommt es zu keinen weiteren Versuchen.
- Wer vergeblich versucht, sich umzubringen, will nur Aufmerksamkeit erhaschen: Wer einen Suizidversuch begeht, ist ernsthaft verzweifelt.
- Wenn sich innerhalb oder nach einer suizidalen Krise eine Besserung zeigt, dann besteht keine Gefahr mehr: Das plötzliche Verschwinden von Verzweiflung und Unruhe kann auf den definitiven Entschluss zum Suizid hinweisen. Bei Depressionen geschehen Suizide häufig in den Zeiten der „Besserung", wenn wieder genügend Energie vorhanden ist, um zur Tat zu schreiten. Das kann z. B. passieren, wenn der Depressive durch Medikamente aus seiner Erstarrung und Lähmung herausgeholt wurde.

- Durch das Ansprechen von Suizidalität wird das Gegenüber auf diese Gedanken gebracht: Das verständnisvolle Ansprechen von Suizidalität führt nicht zu entsprechenden Gedanken und Handlungen (vgl. Nuber 2006, S. 171; Eink/Haltenhoff 2007, S. 64f/69).

Nun stellt sich für die verschiedenen Professionen, aber auch für Angehörige und Freunde, die Frage, wie es möglich ist, Suizidalität zu erkennen bzw. zu erkennen, wann diese gefährlich wird. Vorweggenommen lässt sich dazu sagen, dass es bei der Beantwortung dieser Frage keine hundertprozentige Sicherheit geben kann. Es gibt jedoch Risikogruppen, Risikobefindlichkeiten wie auch Anzeichen, die auf Suizidalität hinweisen (vgl. Hegerl/Althaus/Reiners 2006, S. 208).

Als besonders gefährdet gelten Menschen mit psychischen Erkrankungen insbesondere Depressionen, aber auch Schizophrenien, Psychosen, Persönlichkeitsstörungen und Suchtkrankheiten; Menschen, die bereits früher Suizidversuche unternommen haben oder gefährdet waren; alte Menschen mit Vereinsamung (hier vor allem Männer); junge Erwachsene in Entwicklungskrisen; Menschen in traumatischen oder auch Veränderungskrisen; Menschen mit chronischen, schmerzhaften und lebenseinschränkenden Erkrankungen (vgl. Wolfersdorf 2001, S. 200).

Entscheidender als die Zugehörigkeit zu einer der genannten Risikogruppen ist jedoch die aktuelle Befindlichkeit des jeweiligen Menschen. Hierbei wird ganz besonders deutlich, wie sehr sich das Erleben und Verhalten depressiver und suizidaler Menschen überschneidet. Als Risikobefindlichkeiten gelten: Hilf- und Hoffnungslosigkeit, Ohnmacht, Verzweiflung, Perspektiv-, Sinn-, Interessen- und Freudlosigkeit, vermindertes Selbstwertgefühl, starke Schuld und Insuffizienzgefühle, massive Angst und Unruhezustände, gravierende Schlafstörungen, wahnhaftes Erleben (vor allem depressiver Wahn), Selbstvorwürfe und Selbstbestrafungstendenzen, starker Handlungsdruck (ich halte das nicht mehr länger aus), stark verminderter oder gesteigerter Antrieb, unerträglich empfundener psychischer Schmerz, Gefühls- und Aggressionsstau, anhaltendes und quälendes Grübeln (vgl. Hegerl/Althaus/Reiners 2006, S. 210; Kunz/Scheuermann/Schürmann 2007, S. 37; Eink/Haltenhoff 2007, S. 51).

Zu den Anzeichen, die auf Suizidalität hinweisen, zählen vor allem: zunehmender sozialer Rückzug, Verabschiedung von Menschen, Verschenken von Wertgegenständen, Regelung letzter Dinge (Testament, Versicherung, Papiere), drängende Suizidgedanken, offene und verdeckte Ankündigung von Suizid (es wird aufhören - so oder so, ich kann einfach nicht mehr, es hat keinen Sinn mehr, ich bin für andere nur noch eine Last), konkrete Suizidpläne, Vorbereitung suizidaler Handlungen, keine Distanzierung von Suizidideen bzw. dem Suizidversuch nach längerem Gespräch (vgl. Hegerl/Althaus/Reiners 2007, S. 210).

Hier kommen eine Reihe Risikoindikatoren zusammen. Die wichtigsten Hinweise auf Suizidalität sind direkte oder indirekte Suizidankündigungen sowie Äußerungen von Hoffnungslosigkeit, nicht mehr leben wollen, keine Freude mehr am Leben haben wie auch frühere suizidale Krisen oder Suizidversuche (vgl. Wolfersdorf 2002, S. 137). Wobei Suizidalität vor allem vor dem Hintergrund einer sich zuspitzenden Krise oder einer psychischen Erkrankung gefährlich wird, da die Wahrnehmung, das Denken und das Verhalten von Betroffenen stark eingeschränkt ist (vgl. Hegerl/Althaus/Reiners 2006, S. 208).

Eine Schwierigkeit beim Erkennen von Suizidalität besteht darin, dass im Kontakt mit einem Klienten eine Lebensmüdigkeit überhaupt gar nicht in Erwägung gezogen wird, da es vielleicht keine offensichtlichen Anzeichen dafür gibt. Deshalb sind Kenntnisse der genannten Risikoindikatoren wichtig, die bei den betroffenen Menschen an die Möglichkeit denken lassen, dass Suizidalität vorliegen könnte. Bei Menschen mit Risikoindikatoren gilt es also, an Suizidalität zu denken, sie offen, direkt und einfühlsam anzusprechen, so konkret wie möglich nachzufragen und sie ernstzunehmen. Auch die Hintergründe und Lebensumstände sollten behutsam erfragt werden. Hier besteht also die Aufgabe, sich einen möglichst genauen Eindruck von dem psychischen Befinden des Klienten und seiner aktuellen Lebenssituation zu machen. Dabei sollten die Ressourcen und Selbsthilfepotenziale des Betroffenen nicht übersehen werden sowie auch schützende Aspekte seiner Umgebung (vgl. Eink/Haltenhoff 2007, S. 102f).

Grundlage jeder Suizidprävention ist das Gespräch mit dem Betroffenen. Viele Menschen scheuen sich davor, direkt nach Suizidgedanken zu fragen. Die einzige Möglichkeit jedoch, Klarheit über die Situation zu gewinnen, ist das direkte, offene und ernsthafte Nachfragen (vgl. Wolfersdorf 2002, S. 138/141).

3.1.4.2 Einschätzen von Suizidalität

Es liegt nahe, dass wir davon ausgehen, dass ein Mensch, der über die Möglichkeit eines Suizids nachdenkt, auf jeden Fall akut suizidgefährdet ist. Reflexionen über den eigenen Tod und eine vorübergehende Todessehnsucht sind jedoch keineswegs immer mit einer akuten Gefährdung verbunden. Gerade nach schweren Verlusterlebnissen stellen sich bei vielen Menschen derartige Gedanken ein. Die Gedanken an die Möglichkeit des eigenen Todes können sogar als tröstlich empfunden werden. Diesen Menschen ist jedoch der Unterschied zwischen der Gedankenebene und der Handlungsebene in der Regel sehr klar (vgl. Hegerl/

Althaus/Reiners 2006, S. 208). Eine Klientin: „Ja, ich denke in letzter Zeit öfter mal daran, dass ich meinem Leben ein Ende setzen könnte, aber ich weiß genau, dass ich es nicht tun würde“ (zit. n. Hegerl/Althaus/Reiners 2006, S. 208). Eine Freundin von mir (bei der es nie zu einem Suizidversuch kam) sagte zum Thema: „Der Gedanke daran, dass ich dem Ganzen ein Ende setzen kann, wenn ich den Schmerz nicht mehr aushalte, hat so eine beruhigende Wirkung auf mich, dass mir das die Kraft zum Weiterleben gibt.“

Wie also kann eine Suizidgefahr eingeschätzt werden?

Pöldinger unterteilt die Suizidgefahr in drei Phasen, wobei die letzte Phase das höchste Suizidrisiko in sich birgt:

1. Die Erwägungsphase: Hier bestehen sogenannte passive Todeswünsche. Das sind Wünsche nach Ruhe, die sich bis zu Suizidgedanken steigern können, wie zuvor im Beispiel geschildert. Die Erwägungsphase wird von sehr vielen Menschen erlebt und gilt als mäßige Suizidgefahr. Gedanken an Suizid müssen allerdings immer ernst genommen werden, selbst wenn keine konkrete Suizidgefahr besteht.
2. Die Ambivalenzphase: In der Ambivalenzphase (die wesentlich weniger Menschen erleben) treten Suizidgedanken verstärkt auf und können bereits in Suizidpläne übergehen. Betroffene fühlen sich aber noch unschlüssig. Die Gefahr wird hier aber bereits hoch eingeschätzt, vor allem, wenn Suizidpläne vorbereitet werden.
3. Die Entschlussphase: In der Entschlussphase ist der Entschluss gefallen (betrifft im Vergleich eine Minderheit). Es besteht ein konkreter Suizidplan und Vorbereitungen sind getroffen. Die Gefahr, dass es zur Suizidhandlung kommt, ist sehr hoch (vgl. Hegerl/Althaus/Reiners 2006, S. 209f).

Während die ersten beiden Phasen Wochen, Monate - mitunter sogar Jahre - dauern können, ist die Zeitspanne vom Entschluss bis zur konkreten Handlung in der Regel sehr kurz und beträgt oft nur wenige Stunden (vgl. Hegerl/Althaus/Reiners 2006, S. 210).

Wie bei allen Phasenmodellen bezüglich menschlichen Erlebens, ist natürlich auch hier Vorsicht geboten. Jedoch gibt diese Einteilung einen Überblick darüber, dass nicht immer sofort eine Klinikeinweisung erforderlich wird, wenn eine Klientin darüber spricht, dass sie den Gedanken an den eigenen Tod schon einmal erleichternd empfunden hat. Bei hoher Suizidgefährdung jedoch wird unmittelbares rasches Handeln unbedingt erforderlich.

Es macht also einen großen Unterschied, ob eine Klientin den Wunsch nach Ruhe und Pause im Leben äußert oder ob die Beschäftigung mit der Möglichkeit der Selbsttötung bereits in Pläne übergeht. Insgesamt kann zu der Einschätzung gesagt werden, je größer die Anzahl von Risikofaktoren und Hoffnungslosigkeit ist, je weniger Halt gebende Bindungen in dem Leben des Betroffenen vorhanden sind, je weniger Hilfen kurzfristig zur Verfügung stehen, je konkreter die Pläne sind, je tiefer die Person in die suizidale Krise verstrickt ist, desto größer muss das Gefährdungspotenzial eingeschätzt werden (vgl. Eink/Haltenhoff 2007, S. 57ff).

3.1.4.3 Krisenintervention bei Suizidalität

Krisenintervention zeichnet sich generell durch einen raschen Beginn aus. Eine Beziehungsaufnahme und insbesondere der Erhalt von Kontakt wirken bereits antisuizidal. Handelt es sich um einen mobilen Einsatz, gilt es abzuklären, wie lange es dauern wird, bis die Helferinnen vor Ort sind und was sich in der Zwischenzeit ereignet. Bei Beginn der Krisenintervention sollte sich an realistischen Zielen orientiert werden, die dringlich sind und in relativ kurzer Zeit erreicht werden können. Es gilt also einem hochverzweifelten Menschen keine falschen Versprechungen zu machen (alle Probleme schnell zu lösen), denn dies könnte aufgrund der Diskrepanz zum eigenen Erleben ein Gefühl des Unverstandenseins in ihm auslösen und seine vorhandene Suizidalität sogar noch verstärken. Die Akutintervention sollte sich also inhaltlich auf die aktuelle Problematik und ggf. den Anlass der Krise konzentrieren. In akuten Krisensituationen ist ein pragmatischer und vor allem flexibler Einsatz von psycho-, pharmako- und soziotherapeutischen Strategien aufgrund des oft nicht vorhersagbaren Ablaufs erforderlich, was eine gute Vernetzung der verschiedenen Institutionen und Professionen voraussetzt. Es geht nicht immer darum, sich an strikten Richtlinien zu orientieren, vielmehr müssen Maßnahmen ergriffen werden, die der jeweiligen Situation angemessen sind. Im Vergleich zu längerfristiger Krisenbegleitung ist hier häufig eine aktivere Haltung der Helferin erforderlich, da akute Krisen die Einsichts- und Handlungsfähigkeit von Betroffenen einschränken können. Zudem sind oft mehrere Maßnamen in einem relativ kurzen Zeitraum zu ergreifen. Ein direktiver Charakter der Hilfsmaßnamen sollte sich allerdings auf die seltenen Fälle beschränken, die (zum Schutz) ein Handeln gegen den Willen eines suizidalen Menschen erfordern (vgl. Eink/Haltenhoff 2007, S. 72ff; Kunz/Scheuermann/Schürmann 2007, S. 39).

In erster Linie geht es darum, die betroffene Person zu schützen, also einen möglichen Suizid zu verhindern. Art und Umfang der Schutzmaßnahmen hängen dabei ganz wesentlich vom Ausmaß der Suizidgefährdung ab. Als Kernelement und Basis aller Bemühungen gilt der Kontakt des Betroffenen zu einer als hilfreich erlebten Bezugsperson. Hierbei muss es sich nicht um eine professionelle Helferin handeln. Eine stationäre Maßnahme kann sich erübrigen, wenn eine verantwortungsbewusste Person (meist aus Familie oder engstem Freundeskreis) dem Betroffenen zur Seite steht. Allerdings gibt es auch Voraussetzungen, in denen die Behandlung in einer psychiatrischen Klinik die angemessenste Lösung darstellt. Bei Depression mit akuter Suizidgefahr oder depressivem Wahn oder wenn trotz Krisenintervention weiterhin akute Suizidalität mit hohem Handlungsdruck besteht, ist eine Unterbringung in einer psychiatrischen Klinik unumgänglich. Selbstverständlich sollte immer versucht werden, die Zustimmung des Betroffenen zu einer solchen Maßnahme zu gewinnen (vgl. Eink/Haltenhoff 2007, S. 77ff).

Ein weiterer Schwerpunkt der Intervention ist die Suche nach Entlastungsmöglichkeiten. Menschen in suizidalen Krisen sind aufgrund ihrer emotionalen Belastung und gedanklichen Einengung in der Regel nicht mehr in der Lage, alltägliche Anforderungen zu bewältigen. Entsprechende Interventionen können sowohl am inneren Zustand des Betroffenen als auch an äußeren Umständen für eine Entlastung sorgen. In Fällen, in denen beispielsweise keine stationäre Behandlung erforderlich ist, kann z. B. eine kurzfristige Krankschreibung angezeigt sein oder eine Übernahme häuslicher Pflichten durch andere Familienmitglieder. Es kann aber auch notwendig sein, Betroffene vorübergehend aus ihrem konfliktbeladenem Umfeld herauszunehmen. Weiter kann es wichtig sein, einen vorübergehenden Verzicht von Kontakten zu den Menschen zu vereinbaren, mit denen konflikthafte Beziehungen bestehen. Dies ist vor allem dann angezeigt, wenn Betroffene darum bitten. Nicht selten lässt sich das gegenüber Angehörigen nur durch ein Kontakt- und Besuchsverbot umsetzen. Selbstverständlich müssen Betroffene mit solchen Maßnahmen einverstanden sein. Eine wesentliche - am inneren Zustand des Betroffenen ansetzende - Intervention ist, ihn beim Ausdruck seiner aktuellen Gefühle zu unterstützen. Durch ein behutsames und ausführliches Besprechen der momentanen Lebenssituation kann sich bereits eine spürbare Entlastung einstellen. Es stellt eine Erleichterung für Betroffene dar, ihre Gefühle ausdrücken zu dürfen, wenn dieses als natürliches und verständliches Verhalten anerkannt wird (vgl. Eink/Haltenhoff 2007, S. 81ff).

Natürlich ist es auch wichtig, Betroffene zu stützen. Besonders wichtig sind hier Beziehungen, die durch Vertrauen und Respekt gekennzeichnet sind. Sie helfen den meisten Betroffenen entscheidend dabei, einen Weg aus der suizidalen Krise zu finden. Es ist also von großer Bedeutung, dass Suizidgefährdete sich in ihrer Not angenommen und geachtet fühlen. Als Unterstützung in vielen suizidalen Krisen hat es sich auch bewährt, dass die Beraterin eine Haltung von stellvertretender Hoffnung einnimmt, verbunden mit der uneingeschränkten Akzeptanz der Verzweiflung des Betroffenen. Eine wertschätzende Haltung gegenüber dem

Betroffenen und eine glaubhaft vertretene Zuversicht der Beraterin - es werde sich gemeinsam ein Weg aus der Krise finden lassen - wurde von vielen Betroffenen als entscheidende Hilfe bei der Stabilisierung ihres Selbstwertgefühls erlebt. Um an den Ressourcen des Betroffenen anknüpfen zu können, ist es hilfreich, taktvoll danach zu fragen, welche äußeren Faktoren und inneren Beweggründe ihn in seinem bisherigen Leben davon abgehalten haben, aus dem Leben zu gehen. Meist werden dann nahe Angehörige, Kinder, Eltern, Haustiere oder auch unerfüllte Wünsche und Pläne oder religiöse Werte genannt. Hieran gilt es anzuknüpfen mit dem Ziel, die Selbsthilfekräfte des Betroffenen zu aktivieren und - wenn möglich - positiv erlebte Bezugspersonen in die Intervention mit einzubeziehen. Ein wesentliches Element stützender Interventionen besteht schließlich darin, gemeinsam mit dem Betroffenen einen Weg aus der aktuellen Situation hin zu alternativen Problemlösungsmöglichkeiten zu finden (vgl. Eink/Haltenhoff 2007, S. 85ff).

Stellt sich nach einer konstruktiven Gesprächsaufnahme mit einer Klientin heraus, dass möglicherweise eine Suizidgefahr besteht, sind folgende Schritte zu unternehmen:

- Im Laufe des Gespräches sollten zunächst weitere Einzelheiten in Erfahrung gebracht werden. Dabei sind indirekt oder direkt geäußerte Suizidgedanken unbedingt ernstzunehmen. Auch hier ist die klientenzentrierte Haltung von großer Bedeutung. Ein einfühlsames Zuhören unterstützt die Klientin darin, offen über ihre Gefühle zu sprechen und vermittelt auch bei Menschen in suizidalen Krisen häufig ein Gefühl der Erleichterung, was gerade hier durch den Entlastungseffekt von enormer Bedeutung sein kann.
- Um eine mögliche Gefährdung vorläufig einschätzen zu können, sind Informationen von hohem Wert. Jedoch sollte die Sozialarbeiterin auch ihre eigene Wahrnehmungsfähigkeit mit einsetzen und die eigenen Gefühle reflektieren. Fühlt sich die Klientin nach einem ausführlichen Gespräch bereits entlastet, konnten Selbsthilfepotenziale aktiviert werden? Besteht bei einer Klientin z. B. der Verdacht auf eine dahinterliegende Depression oder eine aus anderen Gründen schwer einzuschätzende Suizidgefahr? Fühlt sich die Sozialarbeiterin möglicherweise überfordert mit dieser Situation? So muss dementsprechend gemeinsam über das weitere Vorgehen entschieden werden.
- Hier kann es jetzt - je nach Ausgangslage - notwendig sein, Angehörige oder andere Professionelle mit in die Intervention einzubeziehen. Fühlt sich die Sozialarbeiterin überfordert, so sollte sie sich nicht scheuen, die Klientin an eine andere professionelle Person weiterzuvermitteln. Bei Verdacht auf akute

> Suizidalität sollte die betroffene Person einem Facharzt vorgestellt werden. Dazu muss eine Begleitung (z. B. zur Nervenarztklinik oder Psychiatrie) durch eine zuverlässige Person sichergestellt sein. Eine hochgradig suizidgefährdete Person darf nicht allein gelassen werden. Sie darf also nicht einfach an einer Krankenhauspforte oder in einer Notfallambulanz „abgeliefert" werden. Bestand bei einer Klientin keine akute Suizidgefahr und ist durch das ausführliche Gespräch zudem eine glaubwürdige, sichtbare und wahrnehmbare Entlastung bzw. Erleichterung eingetreten, so ist es vertretbar, mit dieser Klientin - so sie es möchte - weitere Beratungsgespräche zu vereinbaren bzw. sie darüber zu informieren, wohin sie sich bei erneut auftauchenden Schwierigkeiten wenden kann (vgl. Eink/Haltenhoff 2007, S. 87ff/93; Kunz/Scheuermann/Schürmann 2007, S. 38f).

Für den Fall, dass eine Helferin in die Situation gerät, als erste Ansprechpartnerin vor Ort zu sein, an dem ein Mensch zum Sprung bereit z. B. am Rand einer Eisenbahnbrücke steht, kann Folgendes von entscheidender Bedeutung sein:
Das Wichtigste ist hier der Zeitgewinn. Hochgradige Suizidalität ist in der Regel kein Dauerzustand, sondern kann vielmehr innerhalb kurzer Zeit wieder abklingen. Dazu gilt es, mit der Person in einen Kontakt zu kommen. Das wird am ehesten gelingen, wenn die Helferin ihr Interesse an diesem Menschen bekundet und sich als Zuhörerin anbietet, gleichzeitig aber die Autonomie des Betroffenen wahrt und ihm die Kontrolle überlässt. Sich einer zum Sprung bereiten Person gegen ihren Willen zu nähern, ist überaus riskant. Dies kann in der betroffenen Person einen Zugzwang auslösen, sodass sie sich in die Lage gedrängt fühlt, sich schnell entscheiden zu müssen. Es empfiehlt sich daher vielmehr - selbst in dieser Situation -, die Grenzen des anderen zu respektieren und mit viel Empathie zuzuhören, was diesen verzweifelten Menschen dazu veranlasst hat, sich dort hinunterstürzen zu wollen. Gelingt es, eine Beziehung herzustellen, so wird damit auch immer die Verbindung zum Leben gestärkt und Zeit gewonnen. Es kann bedeuten, einen langen Atem haben und abwarten zu müssen, bis der Betroffene freiwillig bereit ist, dass Brückengeländer zu verlassen. Wie lange solch ein Gespräch dauert, ist nicht das Entscheidende. Das Entscheidende ist, dass ein Suizid vermieden werden kann (vgl. Hegerl/Althaus/Reiners 2006, S. 213/217ff).

3.1.4.4 Situation der Helferinnen und Helfer

Professionelle Helferinnen und Helfer sind im Umgang mit suizidgefährdeten Menschen vor allem zwei Belastungssituationen ausgesetzt. Einerseits belastet die Angst, etwas falsch zu machen und die akute Suizidgefährdung eines Menschen zu unterschätzen und dadurch einen Suizid nicht verhindert zu haben. Zum anderen besteht die Angst, jemanden fälschlicherweise aufgrund angenommener Suizidalität in seinen Freiheitsrechten zu beschneiden und ihm mit einer Unterbringung zu schaden (vgl. Kunz/Scheuermann/Schürmann 2007, S. 27).

Insgesamt wird dies jedoch für professionelle Helferinnen und Helfer auch weiterhin eine außergewöhnlich schwierige Situation bleiben.

Kommt es trotz aller präventiver Maßnamen doch zu einem Suizid, so löst das stets eine starke Betroffenheit aus, die ebenso wie jede andere Krise der Bearbeitung bedarf. In solch einem Fall sollte es weder um Fragen von Schuld noch um Fehler gehen. Es ist nachvollziehbar, dass alle Beteiligten und Angehörige ohnehin Schuldgefühle haben und deshalb eine Reflexion des eigenen Handelns unumgänglich ist. Die Beziehungen der Beteiligten sollten in dieser Situation von gegenseitigem Verständnis und gemeinsamem Verarbeiten getragen sein (vgl. Wolfersdorf 2002, S. 141; Sonneck 2000, S. 181).

Deshalb muss auch gesagt werden: Ein Suizid kann selbst unter optimalen Bedingungen, wie Wissen um Suizidalität, Einsatz adäquater Therapie und Beratung, guten Fürsorge- und Managementbedingungen, nicht immer verhindert werden. Denn zur Suizidprävention gehört auch die suizidale Person selbst, deren Aufgabe darin gesehen wird, ihre suizidale Not deutlich zu machen (vgl. Wolfersdorf 2001, S. 203).

3.1.5 Trauerbegleitung

Bei den meisten Krisen handelt es sich um Verlustkrisen. Dabei muss es sich keineswegs immer darum handeln, dass ein nahestehender Mensch sich getrennt hat, gestorben oder tödlich verunglückt ist. Eine Krankheit geht mit dem Verlust von Gesundheit einher, eine Kündigung mit dem Verlust des Arbeitsplatzes und das Älterwerden (meistens) mit dem Verlust der Selbstständigkeit. Es gibt also viele Möglichkeiten von Verlusterfahrungen. Deshalb sollten in der Ausbildung zur Sozialarbeiterin auch spezifische Methoden zum Umgang mit Menschen erworben werden, die eine durch Verlust ausgelöste Krise erleben. Krisenbewältigung bedeutet in solch einem Fall, adäquat mit der Verlusterfahrung umzugehen, also Trauerarbeit zu leisten (vgl. Student/Mühlum/Student 2007, S. 98).

Unter Trauerarbeit werden dabei alle gezielten sozialarbeiterischen und beraterischen Schritte bezeichnet, die sich auf Menschen beziehen, die durch Verlusterfahrungen in eine seelische Krise geraten sind. Verlusterfahrungen lösen immer auch Trauer und Verlustängste aus, insbesondere wenn sie mit der Trennung oder dem Tod eines nahestehenden Menschen einhergehen (vgl. Faltermeier, 2007, S. 973).

Was Sozialarbeit hier leisten kann, ist, ein von vielfältigen Verlusterfahrungen betroffenes Klientel in den jeweiligen Bewältigungsprozessen zu unterstützen. Hierzu sind fundierte Kenntnisse von Trauerprozessen, die Fähigkeit zur Trauerbearbeitung und Krisenintervention nötig, was nicht nur Wissen, sondern auch methodisches Können und eine gesicherte emotionale Basis voraussetzt (vgl. Student/Mühlum/Student 2007, S. 99).

3.1.5.1 Das Wesen der Trauer

Zunächst einmal sei gesagt, dass Trauer eine vollkommen normale Reaktion auf einen als bedeutsam erlebten Verlust ist. Sie dient zur Bewältigung von Verlusterfahrungen und tritt nicht nur in Todesfällen auf, sondern in allen Fällen anderer bedeutender Verluste. Sie ist keine Krankheit, keine Katastrophe, keine Fehlfunktion und kein Zeichen von psychischer oder charakterlicher Schwäche, sondern ein normaler, gesunder, heilsamer und notwendiger Prozess zur Verarbeitung von einschneidenden Verlusten und Veränderungen (vgl. Lammer 2007, S. 9f).

Trauer tritt, wie neuere zum Teil großangelegte Studien zur Trauersymptomatik zeigen, mit einer enormen Vielfalt in Erscheinung. Trauer ist keineswegs, wie seit Lindemann angenommen wurde, ein Syndrom mit klar umrissenem Symptombild. Sie verläuft weder einheitlich noch ähnlich, sondern individuell äußerst verschieden, und zwar auf der psychischen, auf der körperlichen wie auch auf der Verhaltensebene. Die häufigsten Trauersymptome reichen von Schmerz, Traurigkeit, Verzweiflung, Einsamkeit, Angst, Panik, Liebe, Hass, Schock, Betäubung, Taubheit, Kälte, Verwirrung, Freud-, Interessen-, Hilf- und Ratlosigkeit über Wut, Zorn, Schuldgefühle, depressiver Verstimmung, Erleichterung, Befreiung bis hin zu Kraftlosigkeit, Arbeitsunfähigkeit, Rücken-, Kopf- und Gelenkschmerzen, Schlafstörungen, Überempfindlichkeit (z. B. Lärm), Menstruationsstörungen, Gewichtsverlust, Gewichtszunahme, Kloß im Hals, Schluckbeschwerden u. v. m.. Bereits ganz zu Beginn von Trauerprozessen sind die unterschiedlichen Reaktionen enorm. An einem Totenbett oder beim Empfang einer Todesnachricht fallen manche Menschen in einen Schockzustand, andere reagieren gefasst und akzeptierend, wieder andere protestieren oder randalieren, stellen Fragen über Fragen, weisen sich selbst oder anderen die Schuld am Tod des Verstorbenen zu, manche frieren, schwitzen, erstarren, bewegen sich unruhig oder weinen, lachen, schreien, schweigen usw.. Allein in den ersten Minuten und Stunden nach dem Tod eines zugehörigen Menschen haben der Klinikseelsorger Fitchett und sein Team (Chicago) 158 verschiedene Reaktionsformen bei Hinterbliebenen beobachten können (vgl. Lammer 2007, S. 30f/39).

Eine solch enorme Vielfalt macht zum einen die Reichweite von Trauer deutlich, zum anderen verweist sie auf die Tatsache, dass zu stark vereinfachende Vorstellungen von Trauer und Trauerprozessen erweitert werden müssen, da ein einheitliches Bild „des" Trauerprozesses dem heutigen Kenntnisstand nicht mehr gerecht wird. Auch dauern Trauerprozesse nach heutigen Erkenntnissen wesentlich länger als bisher angenommen wurde. Tatsächlich sind Prozesse von mehreren Jahren keine Seltenheit. Hinzu kommt, dass entgegen bisherigen Einschätzungen gerade die akute Auslösephase besonders bedeutend ist. Von den in Deutschland interviewten trauernden Menschen gaben 76% an, dass sie die heftigsten Reaktionen in den ersten Minuten, Stunden und Tagen erlebten. Dies steht im Gegensatz zu der Annahme, dass am Beginn eines Trauerprozesses generell eine Phase des „Schocks" stehe (vgl. Lammer 2007, S. 32ff).

3.1.5.2 Folgen von Trauer

Trauer selbst ist zwar keine Krankheit, jedoch besteht für Trauernde generell ein erhöhtes Erkrankungsrisiko. Das liegt daran, dass der erlittene Verlust belastend ist und seine Bewältigung viel Energie benötigt. Dabei werden die Folgen von Trauer bei weitem unterschätzt. Erkrankungen wie Depressionen und Angstzustände nehmen bei Trauernden um bis zu 30% zu. Auch eine deutliche Zunahme von Herzerkrankungen und eine erhöhte Sterblichkeit der Hinterbliebenen konnte beobachtet werden. Die Suizidrate nach Trauerfällen steigt (vor allem bei Männern) um ca. 500% an. Diese enormen Folgen zeigen, wie existenziell wichtig Trauerbegleitung ist (vgl. Lammer 2007, S. 36f).

Je mehr Bewältigungsmöglichkeiten und Ressourcen trauernden Menschen zur Verfügung stehen, desto geringer kann ein Erkrankungsrisiko eingeschätzt werden. Und umgekehrt steigt das Erkrankungsrisiko, je mehr Risikofaktoren vorliegen. Zu den Risikofaktoren, die Trauerprozesse erschweren, zählen vor allem:

- Unterdrückung, Verzögerung und Vermeidung von Trauer;
- Besonders traumatisierende Todesumstände (z. B. Unfall, Gewalt, Suizid);
- Eine besonders intensive oder komplizierte Beziehung zur Verstorbenen;
- Lebensumstände, die Trauer verhindern (Krankheit, soziale Benachteiligung);
- Weitere noch unbewältigte Verluste und Krisen;
- Fehlendes stützendes soziales Umfeld;

- Fehlende persönliche Ressourcen;
- Fehlender Zugang zu Hilfssystemen (vgl. Lammer 2007, S. 37f).

Trauerbegleitung erfordert, gegenüber Risikofaktoren aufmerksam zu sein, diese zu berücksichtigen und ggf. über die Trauerbegleitung (im Sinne von Trauergesprächen) hinaus gemeinsam mit der betroffenen Person Ressourcen zu aktivieren und Möglichkeiten zu finden, die den Trauerprozess erleichtern können.

3.1.5.3 Phasen und Aufgaben des Trauerprozesses

Menschen, die mit Abschied, Verlust und Tod konfrontiert werden, begegnen der Unkontrollierbarkeit, der Unverfügbarkeit und der Endlichkeit des Lebens. Das löst starke Gefühle von Erfurcht, Angst, Schrecken und Hilflosigkeit aus. Da Trauerreaktionen mitunter wechselhaft und chaotisch verlaufen, ist es nachvollziehbar, dass Betroffene, wie auch deren Begleiterinnen, nach etwas suchen, an das sie sich halten können, um irgendwie einschätzen zu können, was da noch kommen mag, was da noch durchzumachen ist. Phasenmodelle des Trauerprozesses versuchen, Betroffenen wie auch Begleitenden solche Anhaltspunkte zu bieten (vgl. Lammer 2007, S. 97).

Es gibt mehrere Phasenmodelle zum Trauerprozess, wobei sich einige davon ähneln. Hier soll nur eines – exemplarisch – vorgestellt werden.

Verena Kast unterteilt den Trauerprozess in vier Phasen, wobei diese Phasen ineinander übergehen und sich durchaus einzelne in Form von „Rückfällen" wiederholen können:

1. Phase des Nicht-Wahrhaben-Wollens: Betroffene befinden sich in einem Zustand von Empfindungslosigkeit und Starre. Diese Phase kann Stunden oder Tage dauern. Wenn der Verlust abgespalten wird, kann diese Phase auch Wochen dauern. Angehörige leben weiter – so, als wäre (fast) nichts geschehen - und eine innere Leere macht sich in ihnen breit.
2. Phase der aufbrechenden Emotionen: Schmerz, Angst, Wut, Zorn und Schuldgefühle werden abwechselnd erlebt. Oft beginnt die Suche nach Schuldigen. Diese Zeit der Ruhelosigkeit ist häufig von massiven Schlafstörungen begleitet. Für Begleitende ist es wichtig, Betroffene immer wieder zu ermutigen, ihre Gefühle zuzulassen und auszudrücken. All diese Gefühle sollen Raum bekommen, dürfen sein und sind normal.
3. Phase des Suchens und Sich-Trennens: In vielen Gesprächen können die Betroffenen an nichts anderes denken als an ihren Verstorbenen bzw. an den Verlust. Es ist wichtig, auch den Träumen, Fantasien und Erzählungen über den Verstorbenen oder verlorenen Menschen Platz einzuräumen. In dieser

Phase beginnt der Betroffene, den Verlust zu akzeptieren und das Leben mit dem Verstorbenen in das eigene zu integrieren.

4. Phase des neuen Selbst- und Weltbezugs: Der Angehörige bewegt sich wieder auf die Welt zu und öffnet sich wieder für andere Menschen. Der Verlust ist akzeptiert. Es kommt zu einer schmerzlichen Neuorientierung im Leben. Alle Werte werden überprüft. Die Hinterbliebenen erlauben es sich nun wieder eher, sich so zu verhalten, wie sie sich fühlen. Sie hören auf, sich zu verstellen. Anpassung ist unwichtig geworden. Neue Lebensmuster treten an die Stelle von alten (vgl. Kast 2006, S. 14ff).

Zur Kritik von Phasenmodellen wurde bereits im ersten Kapitel einiges ausgeführt. Lammer hält diese Phasenmodelle für zu vereinfacht, als dass sie der Komplexität und Vielfalt des Erlebens gerecht werden könnten. Auch ist sie der Meinung, dass dadurch zu schematische Erwartungen an Trauernde erzeugt würden („wer nicht Phase eins bis vier in der und der Zeit durchläuft, hat nicht richtig getrauert"). Zudem würden diese Modelle Begleitende zu sehr dazu verleiten zu diagnostizieren. So würden Trauernde den Phasen zugeordnet und Begleitende sähen ihre Aufgabe darin, Betroffenen möglichst bald in die nächst höhere Stufe zu verhelfen. Und schließlich gäbe es noch den wohlgepflegten Mythos der „Schockphase". Demnach müssten Trauernde am Beginn des Trauerprozesses generell wie erstarrt und betäubt sein, kaum fähig, sich zu äußern, geschweige denn mit der Umwelt zu kommunizieren. Entsprechend wurde davon ausgegangen, dass eine Trauerbegleitung zu Beginn des Prozesses nicht möglich und nicht nötig sei. Tatsächlich wird eine Verzögerung der Trauerbegleitung nach den heutigen Erkenntnissen zu den Risikofaktoren gezählt, die zu erschwerten Trauerprozessen führen können. Trauerbegleitung ist gut, und zwar je früher, desto besser (vgl. Lammer 2007, S. 98ff).

Lammer hält es für sinnvoller, sich an Aufgabenmodellen zu orientieren. Sie seien zwar ebenso vereinfachend dargestellt, jedoch gäben sie im Unterschied zu Phasenmodellen Struktur und Orientierung, ohne dabei das Trauerverhalten zu stark zu schematisieren oder zu normieren. Sie lassen Raum für individuelle Verarbeitungsstile und sie orientieren sich an konkreten Veränderungen und Problemen, die Betroffene nach dem Verlust eines nahestehenden Menschen zu bewältigen haben (vgl. Lammer 2007, S. 102).

Lammer selbst hat solch ein Aufgabenmodell bestehend aus sechs Schritten zur Trauerbegleitung entwickelt:

1. Den Tod begreifen helfen: Den Tod eines nahestehenden Menschen überhaupt zu realisieren, ist die erste Aufgabe, die Betroffene zu bewältigen haben und Voraussetzung für alle weiteren Schritte. Hierbei ist es wichtig und

hilfreich, dass Betroffene ihre Verstorbenen nochmals tot sehen können und dass sie dabei Unterstützung finden. Auch hilft es, wenn der Tod beim Namen genannt wird und nicht so versteckt, wie häufig üblich: „Wir haben alles versucht, aber wir konnten leider nichts mehr für ihn tun". Besser ist es zu sagen: „Ihr Mann ist so eben verstorben, es tut uns sehr leid".

2. Reaktionen Raum geben: Hierbei geht es darum, einen Rahmen zu schaffen, der Trauer möglich macht. Dazu genügt es in der Regel, für Zeit, einen ungestörten Ort und Gelegenheit zu sorgen. Dabei ist es wichtig, dass Begleiterinnen sich von Vorstellungen darüber, wie getrauert werden sollte, trennen. Vielmehr gilt es, die eigene Wahrnehmung dafür zu schärfen, was Betroffene selbst als ihr Bedürfnis erkennen lassen. Seitens der Begleiterin ist Zurückhaltung angebracht. Trauer soll zwar gefördert, aber nicht gefordert werden.

3. Anerkennung des Verlustes äußern: Aufgabe ist hier die Würdigung der Betroffenen in ihrer Krise, in ihrem Schmerz, in ihrer Wut und anderen Gefühlen, aber auch in der radikalen Veränderung ihres sozialen Gefüges, ihres Alltags usw.. Ein Verlust verlangt nach Wahrnehmung und Anerkennung, und zwar umso stärker, je mehr eine allgemeine soziale Anerkennung fehlt, wie es z. B. bei einer Frühgeburt der Fall ist. Je weniger ein Verlust sozial wahrgenommen wird, desto wichtiger ist es, dass jemand diesen bekräftigt.

4. Übergänge unterstützen: Unterstützung in diesem Abschiedsprozess kann z. B. mit Hilfe von Ritualen geschehen, wie Kerzen anzünden und später wieder löschen, Uhren anhalten und später wieder in Gang setzen. Hier können traditionelle Rituale zur Hilfe genommen oder neue erfunden werden. Es kann aber auch die Begleitung zum Friedhof sein oder die Unterstützung beim Ordnen des Nachlasses, das Zimmer aufzuräumen oder neu einzurichten.

5. Zum Erinnern und Erzählen ermutigen: Um einen Verlust verarbeiten zu können, ist es wichtig, dass Betroffene die Möglichkeit bekommen, immer wieder darüber zu erzählen. Manche Menschen mögen meinen, dass sie das jetzt schon tausendmal gehört haben. Jedoch gehört es zum Trauerprozess dazu, wieder und wieder von Vergangenem zu sprechen. Eine Rückschau auf die Lebens- und Beziehungsgeschichte hilft dabei, noch bestehende Knoten zu lösen, was das Abschiednehmen erleichtert.

6. Risiken und Ressourcen einschätzen: Im Erstgespräch sollte abgeklärt werden, welche von den genannten Risikofaktoren vorliegen, um abschätzen zu können, inwieweit eine Trauerbegleitung fortgesetzt werden sollte. Betroffene verfügen aber freilich auch über eigene Ressourcen, wenn diese aktiviert

werden. Auch im Trauerprozess gilt: Hilfe zur Selbsthilfe ist sinnvoller als zu viel Hilfe (vgl. Lammer 2007, S. 107ff).

In den vorgestellten Modellen geht es zwar um den Verlust eines Menschen durch Tod, jedoch sind Trauerprozesse bzw. Traueraufgaben in vielerlei Hinsicht auch auf andere Verlusterfahrungen übertragbar.

Abschließend wird nun noch der Ablauf eines Trauergesprächs wiedergegeben.

3.1.5.4 Trauergespräch

Das wichtigste Element der Trauerbegleitung ist das Trauergespräch. Wird solch ein Gespräch auf professionelle Weise geführt, kann es eine wesentliche seelische Hilfe darstellen. Dabei steht die trauernde Person im Mittelpunkt. Sie bestimmt den Gesprächsverlauf, steuert das Geschehen und hat so die Möglichkeit, sich selbst und die eigenen Gefühle auf wohltuende Weise ein wenig besser zu verstehen und annehmen zu können. Ein solches Gespräch ermöglicht dem trauernden Menschen, seine Gefühle und Bedürfnisse auszudrücken, die im Alltag möglicherweise zu kurz kommen. Die Sozialarbeiterin hat hier die Aufgabe, Achtung, Wärme und Fürsorglichkeit ausdrücken, dem trauernden Menschen mit einer klientenzentrierten Haltung zu begegnen. Ziel ist es, dass der trauernde Mensch sich selbst besser versteht und sich in seiner Trauer, in seinem Abschiedsprozess annehmen kann. Kleine Impulse, mit denen die Sozialarbeiterin den trauernden Menschen ermuntert fortzufahren, können hilfreich sein, zudem signalisiert sie damit ein taktvolles Interesse an ihrem Gegenüber. Solche Gesprächsermutigungen können ganz wesentlich dadurch geschehen, dass die Sozialarbeiterin mit eigenen Worten wiedergibt, was sie von dem Gesagten verstanden hat. Zum einen unterstützt dies die Reflexion des trauernden Menschen, zum anderen ermöglicht es ihm, Missverständnisse zu korrigieren. Die Sozialarbeiterin wird dann das Gehörte erneut bestätigen, vielleicht auch um mehr Information bitten. Zum Ende des Gesprächs fasst die Sozialarbeiterin das Gehörte zusammen. Dafür können wenige Worte genügen. Dabei sollte allerdings strikt vermieden werden, Ratschläge irgendeiner Art zu geben oder eigene Deutungen mitzuteilen (vgl. Student/Napiwotzky 2007, DVD). Die große Kunst ist hier nicht das Reden, sondern das Zuhören.

Oder wie Rainer Maria Rilke es ausdrückt: „Ich denke, wir müssen viel und aufmerksam zuhören, dann werden wir allmählich immer vorsichtiger antworten und immer besser“ (zit. n. Bischkopf 2005; S. 7).

Schlusswort

Die vorliegende Arbeit hat mir die Gelegenheit gegeben, mich intensiv mit den Themen Krisen und Depressionen auseinanderzusetzen. Dabei konnte ich mir Kenntnisse über die vielfältigen Erscheinungsformen aneignen und auf Probleme aufmerksam werden, die mit dem sozialen Umfeld zusammenhängen, in dem sie auftreten. Diese Beschäftigung und die daraus gewonnenen Erkenntnisse haben mich dazu angeregt, Schlussfolgerungen für mein zukünftiges Tätigkeitsfeld zu ziehen. Bevor ich diese vorstelle, möchte ich zunächst zu den Hauptfragestellungen dieser Arbeit Stellung beziehen.

Können Krisen Chancen sein? Diese Frage möchte ich mit einem „Ja" beantworten. Es wäre unzureichend, Krisen ausschließlich als Gefahren zu betrachten. Allerdings erscheint es mir ebenso wenig sinnvoll, in ihnen nur und ausschließlich Chancen für persönliches Wachstum zu sehen. Ein Blick nur für die Gefahren würde meines Erachtens nach vordergründig eine defizitorientierte Sichtweise begünstigen, die sich schwächend auf Betroffene auswirken kann. Ein Blick hingegen nur für die Chancen kann z. B. dazu führen, dass Betroffene sich nicht ernst genommen fühlen und dass mögliche oder offensichtliche Gefahren nicht erkannt werden. Bei einer einseitigen Sichtweise also besteht die Gefahr, dass entweder die Chancen oder aber die Gefahren von Krisen übersehen werden. Aus sozialarbeiterischer Sicht halte ich es deshalb für unbedingt notwendig, das Ganze einer Krise im Blick zu haben, also die möglichen Gefahren ebenso wie auch die möglichen Chancen, die sich daraus ergeben können. Sicher ist es für Helfende wie auch für Betroffene hilfreich, Krisen mehr als Herausforderungen, denn als niederschmetternde Schicksalsschläge zu betrachten, da eine solche Sichtweise mehr Mut macht, sich den Herausforderungen zu stellen (siehe Kapitel 1 Bewältigungsmöglichkeiten). Helfende sollten sich aber davor hüten, einen Menschen von einer derartigen Herangehensweise überzeugen zu wollen. Ab welchem Zeitpunkt und unter welchen Umständen ein Mensch bereit ist, in seiner Krise auch Chancen zu erkennen, das sollte ganz ihm selbst überlassen sein. Bis dahin sollte es genügen, gemeinsam mit dem Betroffenen Möglichkeiten und Ressourcen zu aktivieren, die ihn dabei unterstützen, seine Krise zu überwinden.

Letzteres gilt auch für die Depression. Zu der Frage, ob Depressionen Sinn machen, möchte ich etwas vorsichtiger Stellung beziehen. Dabei gilt meine Zurückhaltung und mein Respekt jenen Menschen, die solche inneren Höllen durchleben. Depressionen können Sinn machen, müssen es aber nicht. Für die Betroffenen machen sie zunächst einmal keinen Sinn. Da sie aber die Depressionsphase letztlich nicht negieren können, werden sie sich zwangsläufig früher oder später damit auseinandersetzen (müssen). Und so haben viele Betroffene im Nachhinein die Möglichkeit, mitunter sogar eine tiefe Sinnhaftigkeit in ihrer Depression zu erkennen. Die Depression als eine natürliche Schutzreaktion zu betrachten, wie Hell es sieht, als eine „Dame in Schwarz“, die etwas mitteilen möchte, kann dazu verhelfen, sie nicht länger als einen gemeinen Feind zu betrachten, den es mit allen Mitteln und so schnell als möglich zu bekämpfen gilt. Damit rückt auch die häufig noch zu beobachtende Überbewertung medikamentöser Therapie wieder etwas in den Hintergrund. Sie kann so nicht mehr als das alleinige Heilmittel verstanden werden, sondern nimmt eher den Platz unterstützender Therapie ein. Wenn die Depression als eine Krankheit verstanden wird, die eine Botschaft mitzuteilen hat, dann ermöglicht dies allen Menschen, die in irgendeiner Form mit ihr in Berührung kommen, zu lernen, genau hinzuhören. Eine Fähigkeit, die im Umgang mit Menschen nicht hoch genug geschätzt werden kann.

Wie wichtig die sozialarbeiterischen Hilfemöglichkeiten sind, die ich im dritten Kapitel beschrieben habe, wurde durch meine Ausarbeitungen bereits deutlich.

Im Folgenden möchte ich nunmehr den Versuch unternehmen, zu beschreiben, wie ich mir sozialarbeiterische Hilfe zur Verbesserung der Situation von depressiven Menschen vorstellen kann. Die folgenden Vorschläge gehören zu einem Bündel von Maßnahmen, das bezogen auf eine Region zur Entwicklung eines Beratungs-, Betreuungs- und Begleitungsnetzwerkes sozialarbeiterisch beitragen kann. Sie reichen von der frühen niedrigschwelligen Kontaktaufnahme zu Menschen, die direkt oder im weiteren Sinne von Depressionen betroffen sind, über eine spezifische Beratungsstelle, die den Ratsuchenden - beginnend mit einer frühzeitigen Beratung z. B. zur fachärztlichen Behandlung, zur Teilnahme an einer Selbsthilfegruppe, zum Aufsuchen von Therapieeinrichtungen oder einer psychiatrischen Einrichtung - zur Seite steht, bis hin zu einem Fort- und Weiterbildungs- bzw. Supervisionsbedarf für sozialarbeiterisch Tätige.

Eines der drängendsten zu lösenden Probleme scheint mir dabei der frühe und niedrigschwellige Kontakt zu einer solchen spezifischen Beratungsstelle zu sein. Durch gezielte Beratung könnte hier eine erste Auseinandersetzung mit einem als depressiv empfundenen Gefühlszustand angeregt werden. So würde nicht unnötig Zeit und vergebliche Kraftanstrengung damit vertan werden, zu verharmlosen, zu leugnen, dagegen anzukämpfen, um sich schließlich evtl. doch in tiefer Hoffnungslosigkeit zu verlieren.

Wenn es der Sozialarbeit mit solch einem Beratungsbeitrag gelänge, eine erste Akzeptanz der „Dame in Schwarz“ zu fördern, könnte dies bereits ein entscheidender Schritt für das Selbstwertgefühl Betroffener sein. Alle anderen günstigen

Verhaltensformen des Umfeldes – auch der sozialarbeiterisch Helfenden -, wie aufmerksame Zuwendung, einfühlendes Verstehen und unbedingte Wertschätzung der Betroffenen sowie ihre Aktivierung zur weiteren Auseinandersetzung, haben vor allem dann eine Chance, wenn und solange sich Betroffene selbst überhaupt noch in einer aktiven Rolle vorstellen können. Sie dabei frühzeitig zu unterstützen, wäre für mich ein vorrangiges Anliegen sozialarbeiterischer Hilfeleistung.

Es kann quälend lange dauern, bis Betroffene, Angehörige oder andere enge Bezugspersonen sich auf die Suche nach Hilfsangeboten begeben. Die wesentlichen Gründe hierfür sind vor allem mangelnde Information über Depressionen und adäquate Unterstützungssysteme sowie Angst vor Stigmatisierung.

Wenn es gelingen könnte, eine niedrigschwellige Information über sozialarbeiterische Hilfestellung (Öffentlichkeitsarbeit) zu verbreiten, erschiene es mir möglich, die Situation von Betroffenen sowie von Personen in ihrem sozialen Umfeld entscheidend zu verbessern. Ein solches Angebot kann in unterschiedlicher, grundsätzlich aber in sehr übersichtlich gestalteter Form wie z. B. eines Informationsblattes unterbreitet werden. Dieses könnte überall dort ausliegen und zugänglich sein, wo viele Menschen in Warteräumen - wie z. B. Arzt- und Therapiepraxen und Arbeitsagenturen - erreicht werden können. Genauso denkbar wäre die Verbreitung über Betreuungseinrichtungen, Schulen, Hochschulen, Kirchen sowie Bildungseinrichtungen der Wirtschaft oder der Sozialverbände. Neben einer ansprechenden Gestaltung sollte dabei auf eine klare Inhaltlichkeit Wert gelegt werden:

- In dem Informationsblatt werden mit wenigen Worten die wichtigsten Merkmale genannt, die mit einer Depression einhergehen.
- Die daraus entstehende Belastung für Betroffene, für Familie, Freunde und Arbeitskollegen wird beschrieben.
- Auf die Möglichkeit, sich unter Zusicherung absoluter Anonymität in einer Beratungsstelle - ggf. auch telefonisch oder per Internet – darüber „auszutauschen", ob und möglicherweise auch welcher weitere Kontakt hilfreich sein könnte, wird unter Angabe entsprechender Daten hingewiesen.
- Die Informationsschrift sollte in jedem Fall den Hinweis enthalten, dass es bei einem Kontakt vorrangig darum geht, einen ersten Schritt zu tun, um die gegenwärtige Situation zu erleichtern und erträglicher zu machen.
- Die Möglichkeit einer weiteren Begleitung kann bereits an dieser Stelle genannt werden.

Die Auseinandersetzungsprozesse der Betroffenen bei Depression sind mitunter von Brüchen und Rückschlägen geprägt. Ihr geringes Selbstwertgefühl kann den heilsamen Auseinandersetzungsprozess ebenso erschweren wie eine auf schnelle Erfolge gerichtete Erwartungshaltung ihres Umfeldes. Die sozialarbeiterische Hilfestellung könnte hier durch das Angebot einer spezifischen Beratungs- bzw. Anlaufstelle - auf einer Grundlage von Vertrauen und Glaubwürdigkeit - eine Konstante darstellen, um z. B. zur Wiederaufnahme eines unterbrochenen Behandlungsprozesses anzuregen, sich das Erreichte zu vergegenwärtigen, neue Therapieeinrichtungen aufzusuchen. Eine über einen längeren Zeitraum zugesicherte sozialarbeiterische Begleitung sehe ich als Voraussetzung dafür, dass die Betroffenen die Fähigkeit zur Selbstbestimmtheit, eine realistische Selbsteinschätzung und damit eine Grundvoraussetzung für eine veränderte Lebensführung wieder gewinnen, bei der sie der depressiven Schutzhaltung nicht mehr bedürfen und auch das berufliche und private Umfeld zu einer stabilen konstruktiven Einstellung gefunden hat.

Der stete Kontakt zu depressiven Menschen und somit häufig auch zu lebensmüden Menschen stellt eine enorme Belastung dar. So möchte ich mir selbst ein solch spezifisches Angebot nur in einem Team vorstellen, für das ein gezielter Erfahrungsaustausch, eine ständige Fort- und Weiterbildung sowie professionelle Entlastungsstrategien selbstverständlich sind. Darüber hinaus stelle ich mir eine gezielte professionelle Vernetzung zu Experten und Institutionen vor, in deren Mittelpunkt die unvoreingenommene Annahme sowie eine einfühlende Begleitung der Betroffenen steht, deren Ziel die Wiederherstellung ihrer Selbstachtung und einer selbst verantworteten Lebensführung ist.

Zunächst einmal klingt die Umsetzung einer solch spezifischen Beratungsstelle aus Kosten- bzw. Finanzierungsgründen vielleicht als etwas utopisch. Jedoch sind es gerade die Kostengründe, die ein solches Angebot auf kurz oder lang notwendig erscheinen lassen. Die direkten (Behandlung) und indirekten (verminderte Produktivität) Kosten der Depression können in Deutschland bezogen auf ein Jahr insgesamt auf mehr als 10 Milliarden Euro (10.000.000.000) geschätzt werden. Diese Kosten sind so gewaltig, dass auch ohne spezifizierte Kosten-Nutzen-Rechnung auf den ersten Blick erkennbar sein dürfte, dass der hier vorgeschlagene sozialarbeiterische Beitrag geradezu als außergewöhnlich kostengünstig zu bewerten ist. Bereits ein Wirkfaktor von nur einem Prozent würde zu einer Kostenersparnis von 100.000.000 Euro führen. Ein spezifisches Angebot, in Form von frühzeitiger Beratung kann eine effektive Methode sein, Depressionen und die damit einhergehenden volkswirtschaftlichen Belastungen zu reduzieren.

Wichtiger als diese Zahlen ist mir jedoch, dass mit der Umsetzung dieser Vorschläge eine breite Öffentlichkeit erreicht werden könnte. Betroffene, Angehörige sowie andere Personen aus dem sozialen Umfeld, würden darin unterstützt, frühzeitige Hilfeleistung in Anspruch zu nehmen. Durch die gezielte Beratung und Weitervermittlung an professionelle Experten (ausreichend informierte Hausärzte, Fachärzte, Therapeuten usw.) würde eine frühe Erkennung bzw. Diagnostizierung und somit ein früher Behandlungsbeginn gefördert, der den Genesungsprozess einleiten und dadurch beschleunigen kann. Die Sozialarbeit würde hier als Türöffner zu einer breiten Expertenschaft agieren. Die Initiierung und Vermittlung von und zu Selbsthilfegruppen für Betroffene und Angehörige würde dem Eindruck des Alleinseins stark entgegenwirken und die Angst vor Stigmatisierung eindämmen. Betroffene wüssten, wohin sie sich wenden könnten. Aufklärung, gezielte Beratung, die Erfahrung nicht allein zu sein, professionelle Unterstützung und frühzeitiger Behandlungsbeginn könnten auf diese Weise zu schnelleren Heilungserfolgen führen, die massiven psychosozialen Folgen von Depressionen mindern und die volkswirtschaftlichen Belastungen auf Dauer verringern. Und das Wichtigste: Eine Lebensqualität könnte so schneller wieder erreicht und der tiefen Verzweiflung und Lebensmüdigkeit etwas entgegensetzt werden. Mit anderen Worten: Die Zahlen von Suiziden und Suizidversuchen könnten dadurch möglicherweise oder sehr wahrscheinlich verringert werden.

Literaturverzeichnis

Aguilera, Donna C. / Messick, Janice M. (1977): Grundlagen der Krisenintervention. Einführung und Anleitung für helfende Berufe. 2. Auflage, Lambertus-Verlag, Freiburg im Breisgau

Antonovsky, Aron (1997): Salutogenese. Zur Entmystifizierung der Gesundheit. Deutsche Herausgabe von Alexa Franke, dgvt-Verlag, Tübingen

BAG: Bundesarbeitsgemeinschaft Prävention & Prophylaxe e.V. Stand 28. Mai 2008 www.praevention.org Zugriff: 10.06.2008

Battegay, Raymond (1991): Depression. Psychophysische und soziale Dimension. Therapie. 3., überarbeitete und ergänzte Auflage, Verlag Hans Huber, Bern Stuttgart Toronto

Belschner, Wilfried / Kaiser, Peter (1995): Darstellung eines Mehrebenenmodells primärer Prävention. In: Filipp, Sigrun-Heide (Hrsg.): Kritische Lebensereignisse. 3. Auflage, Psychologie Verlags Union, Weinheim, S. 174-195

Bischkopf, Jeannette (2005): Angehörigenberatung bei Depression. Ernst Reinhard Verlag, München

Borst, Ulrike (2008): Von psychischen Krisen und Krankheiten, Resilienz und Sollbruchstellen. In: Welter-Enderlin, Rosmarie / Hildenbrand, Bruno (Hrsg.): Resilienz – Gedeihen trotz widriger Umstände. 2. Auflage, Carl-Auer-Systeme Verlag, Heidelberg, S. 192-204

Bramesfeld, Anke / Stoppe, Gabriela (2006): Einführung. In: Stoppe, Gabriela / Bramesfeld, Anke / Schwartz, Friedrich-Wilhelm (Hrsg.): Volkskrankheit Depression? Bestandsaufnahme und Perspektiven. Springer-Verlag, Berlin Heidelberg, S. 1-12

Braukmann, Walter / Filipp, Sigrun-Heide (1995): Personale Kontrolle und die Bewältigung kritischer Lebensereignisse. In: Filipp, Sigrun-Heide (Hrsg.): Kritische Lebensereignisse. 3. Auflage, Psychologie Verlags Union, Weinheim, S. 233-251

Brem-Gräser, Luitgard (1993): Band 1. Handbuch der Beratung für helfende Berufe. A. Allgemeine Grundlagen psychosozialer - pädagogischer Beratung. B. Beratungsrelevante Sonderphänomene. Ernst Reinhardt GmbH&Co, Verlag München

Ciompi, Luc (2000): Krisentheorie heute. Eine Übersicht. In: Schnyder, Ulrich / Sauvant, Jean-Daniel (Hrsg.): Krisenintervention in der Psychiatrie. 3. Auflage, Hans Huber Verlag, Bern Göttingen Toronto Seattle, S. 13-25

Danish, Steven J. / D'Augelli, Anthony R. (1995): Kompetenzerhöhung als Ziel der Intervention in Entwicklungsverläufe über die Lebensspanne. In: Filipp, Sigrun-Heide (Hrsg.): Kritische Lebensereignisse. 3. Auflage, Psychologie Verlags Union, Weinheim, S. 156-173

Die Aktuelle Deutsche Rechtschreibung (2001). 4. Auflage, Wilhelm Heyne Verlag, München

Die Heilige Schrift (1992): Elberfelder Bibel. Revidierte Fassung. 4. Auflage, Brockhaus Verlag, Wuppertal und Zürich

Dinkel-Sieber, Silvia (2008): „Ich bin gesund!" Resilienz in Familien mit krankem Elternteil. In: Welter-Enderlin, Rosmarie / Hildenbrand, Bruno (Hrsg.): Resilienz – Gedeihen trotz widriger Umstände. 2. Auflage, Carl-Auer-Systeme Verlag, Heidelberg, S. 104-118

Dorsch Psychologisches Wörterbuch (1998). Herausgeber: Häcker, Hartmut / Stapf, Kurt H.. 13. überarbeitete und erweiterte Auflage, Verlag Hans Huber, Bern Göttingen Toronto Seattle

Ehrenberg, Alain (2006): Gesellschaftlicher Kontext. Die Depression, Schattenseite der Autonomie? In: Stoppe, Gabriela / Bramesfeld, Anke / Schwartz, Friedrich-Wilhelm (Hrsg.): Volkskrankheit Depression? Bestandsaufnahme und Perspektiven. Springer-Verlag, Berlin Heidelberg, S. 123-137

Eink, Michael / Haltenhoff, Horst (2007): Basiswissen: Umgang mit suizidgefährdeten Menschen. 2. Auflage, Psychiatrie-Verlag, Bonn

Faltermeier, Josef (2007): Trauerarbeit. In: Fachlexikon der sozialen Arbeit. 6. Auflage, Nomos Verlagsgesellschaft, Baden Baden, S. 973-974

Fartacek, R. / Nindl, A. (2001): Normale und abnormale Trauerreaktionen. In: Katschnik, Heinz / Demal, Ulrike (Hrgs.): Trauer und Depression. Wo hört das eine auf, wo fängt das andere an. Facultas Universitätsverlag, Wien, S. 25-41

Faust, Volker (o. J.): Psychosoziale Gesundheit. Depression – Teil 2. www.psychosoziale-gesundheit.net Zugriff: 18.06.08

Filipp, Sigrun-Heide (1995): Lebensereignisforschung – eine Bilanz. In: Filipp, Sigrun-Heide (Hrsg.): Kritische Lebensereignisse. 3. Auflage, Psychologie Verlags Union, Weinheim, S. 293-326

Filipp, Sigrun-Heide (1995): Ein allgemeines Modell für die Analyse kritischer Lebensereignisse. In: Filipp, Sigrun-Heide (Hrsg.): Kritische Lebensereignisse. 3. Auflage, Psychologie Verlags Union, Weinheim, S. 3-52

Fischer, Manfred / Fischer, Ulrike (1995): Wohnortwechsel und Verlust der Ortsidentität als nicht-normative Lebenskrisen. In: Filipp, Sigrun-Heide (Hrsg.): Kritische Lebensereignisse. 3. Auflage, Psychologie Verlags Union, Weinheim, S. 139-153

Galuske, Michael (2007): Methoden der Sozialen Arbeit: Eine Einführung. 7., ergänzte Auflage, Juventa Verlag, Weinheim und München

Goethe, Johann Wolfgang von: Gedichte. www.wissen-im-netz.inf Zugriff: 03.06.2008

Gräser, Horst / Esser, Helmut / Saile, Helmut (1995): Einschätzungen von Lebensereignissen und ihren Auswirkungen. In: Filipp, Sigrun-Heide (Hrsg.): Kritische Lebensereignisse. 3. Auflage, Psychologie Verlags Union, Weinheim, S. 104-122

Hammen, Constance (1999): Depression. Erscheinungsformen und Behandlung. 1. Auflage, Hans Huber Verlag, Bern

Hautzinger, Martin (2006): Ratgeber Depression. Hogrefe Verlag, Göttingen Bern Wien

Hegerl, Ulrich / Althaus, David / Reiners, Holger (2006): Das Rätsel Depression. Eine Krankheit wird entschlüsselt. 2. Auflage, Verlag C.H. Beck, München

Hell, Daniel (2007): Welchen Sinn macht Depression? 2. Auflage, Rohwohlt Taschenbuch Verlag, Reinbek bei Hamburg

Hepp, Urs (2008): Trauma und Resilienz. Nicht jedes Trauma traumatisiert. In: Welter-Enderlin, Rosmarie / Hildenbrand, Bruno (Hrsg.): Resilienz – Gedeihen trotz widriger Umstände. 2. Auflage, Carl-Auer-Systeme Verlag, Heidelberg, S. 139-157

Hildenbrand, Bruno (2008): Resilienz in sozialwissenschaftlicher Perspektive. In: Welter-Enderlin, Rosmarie / Hildenbrand, Bruno (Hrsg.): Resilienz – Gedeihen trotz widriger Umstände. 2. Auflage, Carl-Auer-Systeme Verlag, Heidelberg, S. 20-27

Hildenbrand, Bruno (2008): Resilienz, Krise und Krisenbewältigung. In: Welter-Enderlin, Rosmarie / Hildenbrand, Bruno (Hrsg.): Resilienz – Gedeihen trotz widriger Umstände. 2. Auflage, Carl-Auer-Systeme Verlag, Heidelberg, S. 205-229

Homer: Ilias. In: Die Freie digitale Bibliothek. www.digbib.org/Homer/Ilias Zugriff: 04.06.2008

Jost, Klaus (2006): Depression Verzweiflung Suizidalität. Ursachen Erscheinungsformen Hilfen. Matthias-Grünewald Verlag, Ostfildern

Kast, Verena (2007): Lebenskrisen werden Lebenschancen. Wendepunkte des Lebens aktiv gestalten. 7. Auflage, Verlag Herder, Freiburg im Breisgau

Kast, Verena (2006): Zeit der Trauer. Kreuz Verlag, Stuttgart

Katschnik, Heinz (2001): Orpheus und Eurydike oder „Wo hört Trauer auf, wo fängt Depression an?“ In: Katschnik, Heinz / Demal, Ulrike (Hrgs.): Trauer und Depression. Wo hört das eine auf, wo fängt das andere an. Facultas Universitätsverlag, Wien, S. 11-24

Kühner, Christine (2006): Frauen. In: Stoppe, Gabriela / Bramesfeld, Anke / Schwartz, Friedrich-Wilhelm (Hrsg.): Volkskrankheit Depression? Bestandsaufnahme und Perspektiven. Springer-Verlag, Berlin Heidelberg, S. 191-214

Kunz, Stephanie / Scheuermann, Ulrike / Schürmann, Ingeborg (2007): Krisenintervention. Ein fallorientiertes Arbeitsbuch für Praxis und Weiterbildung. 2. Auflage 2007, Juventa Verlag, Weinheim und München

Lammer, Kerstin (2007): Trauer verstehen. Formen – Erklärungen – Hilfen. 2. Auflage, Neukirchener Verlagshaus, Neukirchen-Vluyn

Lazarus, Richard S. (1995): Streß und Streßbewältigung – Ein Paradigma. In: Filipp, Sigrun-Heide (Hrsg.): Kritische Lebensereignisse. 3. Auflage, Psychologie Verlags Union, Weinheim, S. 198-232

Möller-Leimkühler, Anne Maria (2006): Männer. In: Stoppe, Gabriela / Bramesfeld, Anke / Schwartz, Friedrich-Wilhelm (Hrsg.): Volkskrankheit Depression? Bestandsaufnahme und Perspektiven. Springer-Verlag, Berlin Heidelberg, S. 215-228

Müller-Rörich, T. / Hass, K. / Margue, F. / van den Broek, A. / Wagner, R. (2007): Schattendasein – Das unverstandene Leiden Depression. Springer Medizin Verlag, Heidelberg

Montada, Leo (1995): Kritische Lebensereignisse im Brennpunkt: Eine Entwicklungsaufgabe für die Entwicklungspsychologie. In: Filipp, Sigrun-Heide (Hrsg.): Kritische Lebensereignisse. 3. Auflage, Psychologie Verlags Union, Weinheim, S. 272-292

Neuffer, Manfred (2007): Case Management. In: Fachlexikon der sozialen Arbeit. 6. Auflage, Nomos Verlagsgesellschaft, Baden Baden, S. 162

Neumann, Manfred (2007): Fallmanagement. In: Fachlexikon der sozialen Arbeit. 6. Auflage, Nomos Verlagsgesellschaft, Baden Baden, S. 308-309

Nietzsche, Friedrich (1980): Nietzsche. Sämtliche Werke. Kritische Studienausgabe. Band 6. Deutscher Taschenbuch Verlag, München

Niklewski, Günter / Ricke-Niklewski, Rose (2007): Depressionen überwinden. 3. Auflage, Stiftung Warentest, Berlin

Nuber, Ursula (2006): Depression. Die verkannte Krankheit. 4. Auflage, Deutscher Taschenbuch Verlag, München

Olbrich, Erhard (1995): Normative Übergänge im menschlichen Lebenslauf: Entwicklungskrisen oder Herausforderungen? In: Filipp, Sigrun-Heide (Hrsg.): Kritische Lebensereignisse. 3. Auflage, Psychologie Verlags Union, Weinheim, S.123-138

Ruhnau-Wüllenweber, Marion / Wüllenweber, Ernst (2004): Krisenintervention und Case Management. In: Wüllenweber, Ernst / Theunissen, Georg (Hrsg.): Handbuch Krisenintervention. Band 2. Praxis und Konzepte zur Krisenintervention bei Menschen mit geistiger Behinderung. Verlag W. Kohlhammer, Stuttgart, S.29-44

Sauvant, Jean-Daniel (2000): Gedanken zur stationären Krisenintervention. In: Schnyder, Ulrich / Sauvant, Jean-Daniel (Hrsg.): Krisenintervention in der Psychiatrie. 3. Auflage, Hans Huber Verlag, Bern Göttingen Toronto Seattle, S. 85-109

Scharfetter, Christian (2002): Allgemeine Psychopathologie. Eine Einführung. 5., neu bearbeitete Auflage, Thieme Verlag, Stuttgart

Schnyder, Ulrich (2000): Ambulante Krisenintervention. In: Schnyder, Ulrich / Sauvant, Jean-Daniel (Hrsg.): Krisenintervention in der Psychiatrie. 3. Auflage, Hans Huber Verlag, Bern Göttingen Toronto Seattle, S. 55-74

Sonneck, Gernot (2000): Krisenintervention und Suizidverhütung. Facultas Verlag, Wien

Schreckling, S. (2003): Soziotherapie – wann kommt sie zum Einsatz. Nachrichten aus Psychiatrie und Selbsthilfe. www.lichtblick-newsletter.de Zugriff: 30.06.2008

Stamm, Klaus / Salize, Hans-Jörg (2006): Volkswirtschaftliche Konsequenzen. In: Stoppe, Gabriela / Bramesfeld, Anke / Schwartz, Friedrich-Wilhelm (Hrsg.): Volkskrankheit Depression? Bestandsaufnahme und Perspektiven. Springer-Verlag, Berlin Heidelberg, S. 109-120

Stoppe, Gabriela / Bramesfeld, Anke / Schwartz, Friedrich-Wilhelm (2006): Vorwort. In: Stoppe, Gabriela / Bramesfeld, Anke / Schwartz, Friedrich-Wilhelm (Hrsg.): Volkskrankheit Depression? Bestandsaufnahme und Perspektiven. Springer-Verlag, Berlin Heidelberg, S. V

Student, Johann-Christoph / Mühlum, Albert / Student, Ute (2007): Soziale Arbeit in Hospiz und Palliative Care. 2. Auflage, Ernst Reinhardt Verlag, München

Student, Johann-Christoph / Napiwotzky, Annedore (2007): DVD. Palliative Care. wahrnehmen – verstehen – schützen. Georg Thieme Verlag, Stuttgart

Taschenführer zur ICD-10-Klassifikation psychischer Störungen (2006): 3., vollständig überarbeitete und erweiterte Auflage, Verlag Hans Huber, Bern

Ulich, Dieter (1987): Krise und Entwicklung. Zur Psychologie der seelischen Gesundheit. Psychologie Verlags Union, Weinheim-München

Wahrig (2001): dtv Fremdwörterlexikon. Herausgeberin Dr. Renate Wahrig-Burfeind. 3. Auflage, Deutscher Taschenbuch Verlag, München

Walsh, Froma (2008): Ein Modell familialer Resilienz und seine klinische Bedeutung. In: Welter-Enderlin, Rosmarie / Hildenbrand, Bruno (Hrsg.): Resilienz – Gedeihen trotz widriger Umstände. 2. Auflage, Carl-Auer-Systeme Verlag, Heidelberg, S. 43-79

Weinberger, Sabine (2006): Klientenzentrierte Gesprächsführung. Lern- und Praxisanleitung für psychosoziale Berufe. 11. Auflage, Juventa Verlag, Weinheim und München

Welter-Enderlin, Rosmarie (2008): Einleitung: Resilienz aus der Sicht von Beratung und Therapie. In: Welter-Enderlin, Rosmarie / Hildenbrand, Bruno (Hrsg.): Resilienz – Gedeihen trotz widriger Umstände. 2. Auflage, Carl-Auer-Systeme Verlag, Heidelberg, S. 7-19

Werner, Emmy (2008): Wenn Menschen trotz widriger Umstände gedeihen – und was wir daraus lernen können. In: Welter-Enderlin, Rosmarie / Hildenbrand, Bruno (Hrsg.): Resilienz – Gedeihen trotz widriger Umstände. 2. Auflage, Carl-Auer-Systeme Verlag, Heidelberg, S. 28-42

Wittchen, Hans-Ulrich / Jacobi, Frank (2006): Epidemiologie. In: Stoppe, Gabriela / Bramesfeld, Anke / Schwartz, Friedrich-Wilhelm (Hrsg.): Volkskrankheit Depression? Bestandsaufnahme und Perspektiven. Springer-Verlag, Berlin Heidelberg, S. 15-37

Wolfersdorf, Manfred (2002): Depressionen verstehen und bewältigen. 3., neu bearbeitete Auflage, Springer Verlag

Wolfersdorf, Manfred (2001): Krankheit Depression erkennen, verstehen, behandeln. 3. Auflage, Psychiatrie-Verlag, Bonn

Wolfersdorf, Manfred (2006): Suizidalität. In: Stoppe, Gabriela / Bramesfeld, Anke / Schwartz, Friedrich-Wilhelm (Hrsg.): Volkskrankheit Depression? Bestandsaufnahme und Perspektiven. Springer-Verlag, Berlin Heidelberg, S. 287-301

Wüllenweber, Ernst (2004): Krisenintervention als Akutintervention – Deeskalation, physische Intervention, Notfallhandeln. In: Wüllenweber, Ernst / Theunissen, Georg (Hrsg.): Handbuch Krisenintervention. Band 2. Praxis und Konzepte zur Krisenintervention bei Menschen mit geistiger Behinderung. Verlag W. Kohlhammer, Stuttgart, S. 11-27

Zeitfracht Medien GmbH
Ferdinand-Jühlke-Straße 7
99095 Erfurt, Deutschland
produktsicherheit@kolibri360.de